単元を貫く言語活動を支える

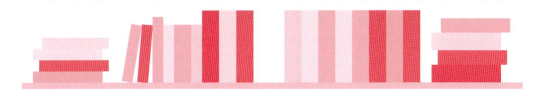

並行読書の授業プラン

ねらいに応じた
ブックリスト付き！

植松 雅美 編著

東洋館出版社

はじめに
―国語科指導と並行読書―

　「本」は、人生をよりよく生きるための同伴者です。文章が上手に書けるのも、話し上手になるのも、知恵者になるのも、読書することで叶えられます。

　読書の推奨は、今改めて提唱する活動ではなく、長い間引き継がれてきた学習です。変わってきたことは、子どもたちを取り囲む教育環境や学力の価値観です。

　今、求められているのは、論理的思考力や判断力に加え、自らの考えを意見として表現する能力です。国際社会で生きるためには、無くてはならない力です。したがって国語科の果たす役割はますます広がってきています。教科書教材の内容から学ぶだけではなく、さらなる情報を得て活用する力が求められます。情報から得た知識から、より深い感性、知識が身につきます。読書による間接体験は、大きな価値観を育てます。自分の考えをもち、これを活用してさらに深め、自らの考えと周囲の人との交流に広げることが求められます。

　そこで本書では、国語科授業で、教材内容に関連する図書を学習過程に組み入れる「並行読書」の指導法を示すことといたしました。

　子どもたちの知識や情報が深まり、互いの思いや考えをもち、交流し合いながら活動できる力を伸ばすために、ぜひ本書をご活用いただければと願っています。

　　平成27年11月吉日

　　　　　　　　　　　　　　　　　　　植松　雅美

もくじ｜単元を貫く言語活動を支える
並行読書の授業プラン

はじめに …………………………………………………………………………… 1

第1章 並行読書の基礎・基本

1 国語授業における並行読書の意義 ………………………………… 6
2 文学教材での並行読書 ……………………………………………… 8
3 説明文教材での並行読書 …………………………………………… 10
4 伝統的な言語文化や詩歌での並行読書 ………………………… 12
5 学校図書館の活用 …………………………………………………… 14
    COLUMN　読書活動あれこれ …………………………………… 16

第2章 並行読書を取り入れた授業プラン

|1年|

文学教材 …………………………………………………………………… 18
単元名 「おはなしのすきなところをしょうかいしよう」
中心学習材 「ずうっと、ずっと、大すきだよ」

説明文教材 ………………………………………………………………… 24
単元名 「くらべて　よもう」
中心学習材 「どうぶつの　赤ちゃん」

伝統的な言語文化や詩歌 ………………………………………………… 30
単元名 「聞いて楽しもう」
中心学習材 「まのいい　りょうし」

2

|2年|

文学教材 ………………………………………………… 36

単元名 「2年4組むかしばなし村をつくろう」
中心学習材 「かさこじぞう」

説明文教材 ………………………………………………… 42

単元名 「一押しのおすすめ虫の本をしょうかいしよう！」
中心学習材 「すみれとあり」

伝統的な言語文化や詩歌 ………………………………… 48

単元名 「むかし話のお気に入り場面をしょうかいしよう」
中心学習材 「三まいのおふだ」

|3年|

文学教材 ………………………………………………… 54

単元名 「おにってなんだ！？」
中心学習材 「おにたのぼうし」

説明文教材 ………………………………………………… 60

単元名 「説明の仕方を考えよう」
中心学習材 「すがたをかえる大豆」

伝統的な言語文化や詩歌 ………………………………… 66

単元名 「自分の『ことわざ辞典』を作って、紹介し合おう」
中心学習材 「ことわざについて調べよう」

|4年|

文学教材 ………………………………………………… 72

単元名 「物語の名場面・かくれ名場面集を作って発表しよう」
中心学習材 「ごんぎつね」

説明文教材 ………………………………………………… 78

単元名 「アクティブ・リーディング
つくろう！わたしたちのレッドリスト」
中心学習材 「ウミガメの命をつなぐ」

伝統的な言語文化や詩歌 ……………………………………… 84

単元名 「俳句や短歌に親しもう」
中心学習材 「声に出して楽しもう」

|5年|

文学教材 …………………………………………………… 90

単元名 「杉さんから『心が温まるメッセージ』を受け取ろう」
中心学習材 「わらぐつの中の神様」

説明文教材 ………………………………………………… 96

単元名 「自分の考えを明確にしながら読もう」
中心学習材 「ゆるやかにつながるインターネット」

伝統的な言語文化や詩歌 ……………………………………102

単元名 「声に出して楽しもう」
中心学習材 「古典の世界（一）（二）」

|6年|

文学教材 …………………………………………………108

単元名 「宮沢賢治の作品世界を深く味わおう」
中心学習材 「やまなし」

説明文教材 ………………………………………………114

単元名 「絵の解説文を書こう～絵から読み取ったこと、
　　　　　感じたことを表現しよう～」
中心学習材 「鳥獣戯画」

伝統的な言語文化や詩歌 ……………………………………120

単元名 「伝統文化を楽しもう『伝えられてきたもの』」
中心学習材 「狂言『柿山伏』」

第 1 章

並行読書の基礎・基本

国語授業における並行読書の意義

❶ 情報を読む意義

　情報の収集・活用を含む「読書活動」は、学習指導要領の根幹である「言語活用能力」を支える大きな要素である。子どもたちが、これからの社会を生き抜くためには、基礎、基本の学力を身につけ、これを活用し、発展させる能力を育成することが求められている。そのためには、「課題について正しく考え、よりよく判断し、適切に表現する能力」がなければならない。これらの能力育成は、言語を通して行われるものである。ここに、国語科の重要な役割がある。

　今、「情報基盤社会」と言われるように、情報があふれ、多様化している。これらの情報を、確かな判断によって適切に取集し、知識として活用することで、自分の考えを広げ、深めることができる。確かで豊かな知識を得ることは、さまざまな課題を解決するために、必要な能力である。

　学校教育を通して「言語活動の充実」を図ることは、知的活動、感性・情緒、コミュニケーションの基盤といえる。社会がグローバル化することで求められる重要な能力（キーコンピテンシー）である。

　国語科授業の教科書教材や関連資料を正しく理解すると共に、自己の思い、考え、判断、解釈、これらの表現ができる力をつけていきたい。そのため、主教材の他に、関連した図書や資料を収集して読み、内容を詳しく広げ、再構成できる言語活動を広げることが効果的である。一つのテーマについての知識や情報は、限定された資料だけでは、十分な知識は得られない。同じ課題について、複数の文章や情報と比較しながら読むことで、課題についての意味や考え方を広げていくことができる。こうした学習は、低学年の段階から、体得させていくことが求められる。つねに、比較し読み比べていく態度を身につけることにより、客観的な考え方やクリティカルリーディングの姿勢を育む素地を培いたい。

　児童・生徒が互いに意見を交流し、知識、判断を広げて活動すること、得た知識や深めた事柄を、言語表現として、記録、説明、解説など文章作成ができること、さらに対話や討論、報告や発表など、音声表現活動ができるようになることをめざしていく。このことで、感性・情緒の基盤という言語の役割を果たしていくことができる。

❷ 並行読書の実際

1　並行読書のねらい

　並行読書は、教科書教材等の主教材と並行し、読書を進める学習活動である。

　小学校国語の教科書には、文学的文章教材、説明的文章教材を「読むこと」の対象教材とし、この他に「聞くこと・話すこと」「書くこと」「ことば」に関する教材等が取り上げられている。各教材には、単元の目標と、主な言語活動が明示されている。学習指導計画では、この目標、活動を併せて学習時間を設定し指導案が立てられる。「どうぶつの　赤

ちゃん」（光村図書１年下）の目標は、「ちがいを　かんがえてよもう」＜よむ＞となっている。ここで、並行して読ませる図書は、「ちがいを　かんがえて　よむ」の目標に合わせて、選ぶことが求められる。動物の種類によって赤ちゃんの様子や行動、お母さんとの関わりが異なる。教科書では、３種類の動物について書かれている。さらに、詳しく知りたい他の動物のことや、教材に書かれている動物について詳しく知りたいという知的欲求を満たすために教材を選び、学習活動としての並行読書を進めていく。

２　並行読書の活動

並行読書は、以下のようなカテゴリーの中で選書できる。

（１）選書の範疇

①　同じ作家　②　同じテーマ　③　似たような人物が出てくる　④　価値観が同じ
⑤　知りたい知識が得られる　⑥　同じ主題で詳しく書かれている、などである。

（２）並行読書の学習活動

①　教科書の主教材を読む。⇒理解したこと、初めて知った感動などを記録する。
②　並行して関連した内容の本や資料を読む。⇒読み比べて気づいたことを書く。
③　新たに得た知識や、それについての考えや感想を加えるなど言語活動を行う。⇒２人組やグループ等で交流する。
④　学習交流し、全体での発表をする。⇒　発表・批評（褒め合い・考えを広げる。）

従来の読書は、本教材を読み終わってから、新たな課題を設けて読み深め、知識を広げ、感想を深める活動として行われてきた。

本書では、単元を通して並行しながら、同じ課題について調べ、知識・感動を広げることとした。

１学年「どうぶつの　赤ちゃん」の教材を事例に述べる。

本教材を読む活動と並行し、単元の時間内で行う。子どもに学習課題をもたせ、知識や考えを深めさせる。

①本時のねらい・動機づけ・概要理解を進める。
②主教材に並行して、「動物の赤ちゃん」について書かれた本を選んで読む。
③それぞれ、学習課題について取り組ませる。
　⑦いろいろな動物の赤ちゃんの違いを読む。
　⑦教科書と同じ動物の赤ちゃんについてくわしく読む。（右図参照）
④詳しくわかったことや違いについてまとめる。
　文を書く。絵や写真のコピーを貼って、動物の帯カードを作る。
⑤発表や学習交流をする。

過程	⑦の活動	⑦の活動
展開１	主教材を読む。	並行読書をする。
展開２	主教材のまとめをする。	主教材に加えて詳しく書き足す
展開３	課題をもち並行読書で、まとめ、発表する。	２つの教材を含めて、まとめ、感想を加える。

これらの言語活動を通して得られる学力は、読み比べ、読み深め、個々に思考しながら、書いたり話したりする力である。「思考力・判断力・表現力」の発展的な育成につながる。

2 文学教材での並行読書

❶ 本との出会い

　並行読書は、一教材だけでは見えてこなかった世界や価値が、複数の図書と対峙することによって見えてくるというところに大きな意義がある。

　本章では、当該教材に対する興味・関心を引き出すために位置づけた「先行読書」、さらに思考を深めるために行う「発展（継続）読書」とは異なる視点から並行読書を考えてみたい。主要（中心）学習材の学習と関連させながら並行して読むため、基本的には国語科の時間内に設定することが求められる。

　子どもたちが、「本と出会う」きっかけはさまざまである。スポーツの好きな子どもは大好きなスポーツ選手の伝記から読書が好きになることがある。理科の好きな子どもは、自分の興味のある天体や生き物等に科学的な興味・関心を示すかもしれない。

　並行読書にしろ、先行読書にしろ、教室での読みは、子どもたちに読書の楽しみを味わわせるとともに、自力で読書行為を完遂する能力を育成することにある。そのことを踏まえて、指導を進めていくことが肝要である。

　いくつかの例示をしながら考えてみたい。

❷ 文学教材での並行読書

1　登場人物の心情の変化などの読み

　学習指導要領の指導事項には、「場面の移り変わりに注意しながら、登場人物の性格や気持ちなどの変化、情景などについて、叙述を基に想像して読むこと」（第3・4学年C読むこと（1）ウ）とある。

　上記の場合は、場面の変化に応じて、登場人物の心情は変化している。それが、どのように変化したのか、変化させた要因は何なのかを考えさせる作品を提示したり、子どもたちが自ら選択したりすることが大切である。

2　学習の目的に応ずる多様な読み

　文学教材の作者や作品世界についてパネルディスカッションなどの討論会をする言語活動がある。その際、パネリストとしてスピーチ原稿を作成したり、調べたことを報告するレポートをまとめたりするために、たくさんの参考図書を検索する必要性に迫られる。

　前述の学習指導要領には「目的に応じていろいろな本や文章を選んで読むこと」（第3・4学年C読むこと（1）カ）と指導の視点について記されている。そのときに大切なのは、選書についての能力も必要になってくるし、読解力も重要になってくるということである。

3　交流を前提とした読み

　「交流」という語彙が、学習指導要領に明記されたが、単に話し合いという次元でとどまっている状況では、目標達成と言えない。学習指導要領には「文章を読んで考えたことを発表し合い、一人一人の感じ方についてちがいのあることに気付くこと」（第3・4学

年C読むこと（1）オ）とある。

　少なくとも、文学教材の読みは、個別的である。教師の読みも、一読者の読みに過ぎない。他者の読みと自己の読みの違いは、違いとして認め、なぜ違うのか、そのことによって何を考えたのか、どうしてそういう意見が導き出されるのか、などをディスカッションすることによって、思考力も、解釈する力も育ってくる。

　学級で読みの交流をする場合には、並行読書での課題図書は自ずと限定されなければならない。広げ過ぎると、読みが散漫になり、焦点化されないことが予想される。

4　並行読書をする際の留意事項

（1）子どもの発想を大切に

　学習指導要領に即して並行読書の例を前述したが、単元でどのような読みの能力を育てるかというねらいは大事にすべきである。ただ、そのことに拘泥しないようにしたい。指導者が留意すべきことは、学習方法をパターン化しないことだ。例えば、「ごんぎつね」の並行読書で、「手ぶくろを買いに」を授業で指定したとしても、「幼い頃に、お母さんが読んでくれた『でんでんむしのかなしみ』と読み比べてみたい」、「図書館で見つけた『花のき村と盗人たち』とどう違うか、考えてみたい」等の子どもたちの発想や思いを大切にすることである。まさに、アクティブ・ラーニングである。

　子どもたちの学びは、必ずしも一直線ではない。時間がかかって、迷走することがあっても、一字一句に拘泥したり、考えたり、調べたりした子どもの心には、物語の世界が深く刻み込まれていく。長い目で見れば、自分で苦悩しながら読み進めた方が、血となり肉となるのである。要は、子どもたちに思考力や想像力が育ったかどうかである。

（2）学びのコラボレーションを

　心の柔らかい時に、たくさんの文学世界に触れることは子どもたちの世界を豊かにしてくれる。読書は、子どもたちにとって、「知の扉」、「心の扉」とも言える。

　読書の大切さがいくら理解できても、あらゆる指導をしなければならない担任一人の能力には、限界がある。やりたくてもできない、自分は読書が不得手だということもある。

　そこで、力を発揮するのは、保護者のボランティアスタッフや公共図書館の司書の方たちとの連携だ。読み聞かせやブックトークで協働したり、「並行読書」の必読図書の依頼をしたりするなど、子どもたちのために共に実践できるよう、関わっていく。

❸ 結びに

　子どもたちに、解釈する力を育てるには、さまざまな方法があるが、基本は何と言ってもたくさんの本を読むことである。子どもたちの能力は、無限である。大切なことは上限を決めてかからないことだ。子どもたちを読書好きにするには、パターン化したり、強制したりすることではなく、子どもたちの実態に応じて、どうすれば、読書好きの子どもたちにできるのか、思考を停止しないで私たちが常に考え続けることだと思う。

3 説明文教材での並行読書

1 説明文の指導と読書指導

1 説明文の指導における「3つの読む」

説明文では、次のような読解指導が行われる。

(1) 内容を読む

内容を読むとは、何が説明されているかという説明内容や事例を読むことと、筆者が何を伝えたいのかという主張をとらえることである。

(2) 筆者を読む

筆者を読むとは、筆者のものの見方や感じ方を読み取ることである。筆者の伝えたいことや筆者の論理の進め方、筆者の挙げた事例の効果を読み取ることである。

(3) 書きぶりを読む

書きぶりを読むとは、どのように説明されているかという文章構成を読むことである。

説明文の指導にあたっては、指導事項との関係や教材の特徴をとらえて、子どもに何を読ませたいのかを明確にすることが大切になってくる。

2 読書の3形態

読書の形態には、次のような3つの形態がある。

(1) 国語教室における従来型の読書

「考え読み」…自分の考え、友達の考え、筆者の考え等を読む。

「想像読み」…心情や情景、事実や事象等を読む。

(2) 横断的・総合的な学習としての読書

「調べ読み」…課題解決のために目的的に調べるために読む。

(3) 生涯学習としての読書

「楽しみ読み」「娯楽のための読み」…人生を豊かにするために読む。

読書指導に関しては、指導の目的に応じて、これらの形態を意識した指導が大切になってくる。

3 説明文の指導と読書指導

説明文の指導とは、説明文という文章を読む行為である。これは、読書活動そのものである。説明文を読み、書かれている事例に関して興味・関心を抱くこと、筆者の考え方やものの見方に共感したり、疑問を抱いたりすることで、読書活動は充実していく。

説明文の学習における読書活動を充実させるためには、何のために、どのように読むかを明確にする必要がある。その際、先に挙げた説明文の読みと読書の形態を明確にさせることが重要になる。説明文の読みと読書の形態の関係に関しては、「内容を読むこと」「筆者を読むこと」と、「考え読み」「調べ読み」の関係が深い。また、「楽しみ読み」を指導に位置づけることで、自分のもった興味や疑問に関する図書資料へと読書の幅が広がっていく。説明文の指導にあたっては、この密な関係を大切にしていくようにしたい。

❷ 説明文教材と並行読書

1 説明文教材における並行読書

　並行読書とは、説明文教材の指導のねらいを実現するために、主教材と関連させて図書資料を読むことを位置づけた読書活動のことである。主教材のみを徹底的に読み込む指導ではなく、主教材の読解を助けたり、主教材で抱いた疑問を解決したりするために、複数の図書資料を同時並行的に読みながら、指導内容に迫るための指導方法である。

2 説明文における平行読書の形態

　説明文における並行読書の形態としては、次の3形態が考えられる。

(1) 主教材の読解と並行して、自分の選んだ図書資料を読む

　この指導における並行読書の役割は、子どもの興味・関心を生かした読書活動を行うことで、主体的な問題解決学習を行うことである。一読後に子どもに興味・関心や疑問をもたせ、主教材の読解と並行して自ら選んだ図書資料を読みながら自己課題の解決を図っていく読書活動である。

　例えば、めだかについて書かれた説明文を読み、自分の好きな生き物の生態について課題を決め、課題解決のためにその生物について書かれた図書資料を読んだり、調べたりする学習が考えられる。

　なお、この学習においては、主教材の読みと並行読書の読みとが乖離することが多くなる。そうならないためにも、単元の最後の活動として、例えば「めだかと自分の調べた生物の身の守り方の違い」など、主教材の読みと対比させたテーマでの表現活動を位置づけるようにしたい。

(2) 主教材の読解と主教材に関連した図書資料を読む

　この指導における並行読書の役割は、主教材の深い読解を助けることにある。説明内容として紹介された事例に関して、その意味や具体的な働きなどについて、図書資料を活用することで理解を深めるために読むことである。

　例えば、点字に関する説明文では、教科書に書かれていない点字の誕生に関してや点字を使った具体例などを、図書資料を読むことで知ることができる。このことを生かして、点字に対する筆者の主張を考えることができるようになる。

(3) 主教材の読解後に自分の選んだ図書資料を読む

　これは従来の発展読書と同様の指導である。主教材から得た興味・関心や疑問をもとに、自分で図書資料を選んでまとめる活動である。指導にあたっては、調べる時間を確保すること、調べたことを報告する時間を設定することなど子どもの活動時間と場を意図的に設定することが大切である。

　発達段階を考えると、この活動は、比較検討が難しい低学年での指導に適している。例えば、主教材で動物の赤ちゃんについての学習後に他の生物の赤ちゃんの成長について調べてまとめる活動が考えられる。低学年段階から、主教材で閉じない指導を行うことで、学年が上がった際にも、複数資料を読みながら読解を進めていく指導の有効性を実感できるようになる。

4 伝統的な言語文化や詩歌での並行読書

○各学年における伝統的な言語文化に関する事項

第1学年及び第2学年	第3学年及び第4学年	第5学年及び第6学年
（ア）　昔話や神話・伝承などの本や文章の読み聞かせを聞いたり、発表し合ったりすること。	（ア）　易しい文語調の短歌や俳句について、情景を思い浮かべたり、リズムを感じ取りながら音読や暗唱をしたりすること。 （イ）　長い間使われてきたことわざや慣用句、故事成語などの意味を知り、使うこと。	（ア）　親しみやすい古文や漢文、近代以降の文語調の文章について、内容の大体を知り、音読すること。 （イ）　古典について解説した文章を読み、昔の人のものの見方や感じ方を知ること。

小学校学習指導要領　国語科　第2各学年の目標及び内容より

1 子どもにつけたい力と言語活動例

1　低学年

　伝統的な言語文化に触れることの楽しさを実感できるようにすることが大切である。話のおもしろさに加え、独特の語り口調や言い回しなどにも気づき親しみを感じていくことを重視する。①本や文章を楽しんだり、想像を広げたりしながら読む言語活動（音読発表会・感想の交流会など）、②物語の読み聞かせを聞いたり、物語を演じたりする言語活動（人形劇・音読劇・紙芝居など）、③読んだ本について、好きなところを紹介する言語活動（おもしろいところ・好きなところ）などが考えられる。

2　中学年

　文語の調子に親しむ態度を育成するようにすることが重要である。活動としては、①親しみやすい作者の句を選んだり、②代表的な歌集などから理解しやすい歌を選んだり、③短歌や俳句を自分でもつくってみたりすることが考えられる。実際に作ることで、よさを実感し、音読の意義を深く理解することになる。

　「ことわざ」や「故事成語」からは、先人の知恵や教訓、機知に触れることができる。言語生活を豊かにするために、これらの言葉の意味を知り、実際の言語生活で用いることができるようにさせることが大切である。

3　高学年

　古文や漢文は、読んで楽しいものであること、自分を豊かにするものであることを実感させるようにすることが重要である。また、昔の人々の生活や文化など、古典の背景をできる限り易しく理解させ、昔の人のものの見方や感じ方に関心をもたせたり、現代人のものの見方や感じ方と比べたりして、古典への興味・関心を深めるようにすることも重要である。言語文化への興味・関心を深めるために、能、狂言、人形浄瑠璃、歌舞伎、落語な

どを鑑賞することも考えられる。

❷ ［伝統的な言語文化に関する事項］と並行読書を取り入れる意義

1　教科書教材

　教科書に取り上げられている［伝統的な言語文化に関する事項］を指導するための教材は、ごく少量である。従って、図書資料などで教科書での学習事項を補充すること、あるいは、教科書での学びを使って図書資料を読むことなどの並行読書が必要になる。

2　並行読書の方法

（1）意欲付けのための並行読書（始めから終いまで型）

　例えば、『おむすびころりん』などの昔話の学習に入る前に、昔話の読み聞かせをしたり神話の本を教室に用意したりして、昔話や神話に対する興味関心を喚起しておく。ことわざの学習をする前に、『ことわざ探偵団』シリーズ（フォア文庫）などを教室内に事前準備しておく。普段の話の中でも意識的にことわざを使うことで、子どもたちのことわざに対する興味・関心を高めていく読書方法である。『日本昔話』や『日本の神話』、『ことわざ辞典』などは常時決まった場所に置いて、学習の始めから終いまで、あるいは、その後もずっと学習習慣として身につくまで活用できる方法である。

（2）学習事項を確認するための並行読書（立ち止まり型）

　例えば、紹介された論語の一節からその意味を調べたり、疑問を解決させたりしながら進める方法である。教科書での意味の取り扱いは簡単なことが多く、児童にとって腑に落ちる理解ができるところまではいかないことがよくある。教科書で紹介されている作品の原典に当たったり『例解小学ことわざ辞典』（三省堂）や『よくわかることわざ』（集英社）などに当たることは、疑問を解決したり意味を確認したりするのに欠かせない。新しいことに出合うなど、疑問の解決や確認を必要とすることに出合う度に立ち止って活用できる読書方法である。

（3）学習事項を生かす並行読書（行きつ戻りつ型）

　例えば、和歌や俳句の学習で、言葉の決まりやリズム・表現のおもしろさに気づくと、それを生かして自分でも作ってみようという学習へと発展することがある。『子ども川柳』『よくわかる俳句』などは、教科書での学びを確認すると共に、自分で俳句や川柳を作るときにも大いに活用できる。5-7-5の17音で詠むという以外にはこれといった決まりのない川柳をきっかけにして俳句を作るなどの学習過程で、教科書での学びと図書資料とを行ったり来たりしながら行う読書方法である。

（4）学習事項を補充・発展する並行読書（雪ダルマ型）

　例えば、雪のことを書いた随筆に『枕草子』があるが、『徒然草』の中にも雪についての感慨を述べた一節がある。これらを合わせて読むことによって、昔の人たちの雪に対する思いをより一層深く知ることができるなど学習の補充を図る方法である。この方法は、単元に入る前から①の方法のように準備したり、自ら見出した課題ごとに対応して提供できる。学習内容をどんどん雪だるまのように豊かに膨らませていくことのできる読書方法である。また、俳句から川柳へ、万葉集から百人一首へ、狂言から落語へなど、教科書教材からの学びを自ら発展させる読書方法でもある。

5 学校図書館の活用

❶ 学校図書館を活用する意義

1 学校図書館の目的

　学校図書館は、「学校教育において欠くことのできない基礎的な設備」（学校図書館法第1条）であり、その目的は、「学校の教育課程の展開に寄与する」ことと「児童又は生徒の健全な教養を育成すること」（同法第2条）である。

　学校図書館は、本が置いてある部屋ではなく、「読書センター」「学習センター」「情報センター」としての機能を効果的に活用してよりよい教育活動を行うための教育施設である。

2 国語科における学校図書館活用

　「小学校学習指導要領国語　第3　指導計画の作成と内容の取扱い」の、「『C読むこと』に関する指導については、読書意欲を高め、日常生活において読書活動を活発に行うようにするとともに、他の教科における読書の指導や学校図書館における指導との関連を考えて行うこと、とある。学校図書館の利用に際しては、本の題名や種類などに注目したり、索引を利用して検索をしたりするなど、必要な本や資料を選ぶことができるように指導することが重視されている。日常的な読書活動を国語の内容に位置づけるとともに、学校図書館の利用に際しての指導内容を具体的に推進したい。

　小学校国語の教科書では、学校図書館の利用のしかたや学校図書館資料を利用して調べて発表する学習、単元に関連した図書資料の例示など、国語科が各教科等で行われる多様な読書活動の「中核」になるよう編集されている。

　国語科における読書は、単に本を読むことではなく、目標に応じた読書の指導をすることである。そのためには、学校図書館の活用が欠かせない。

　また、「学校図書館の利用」は、特別活動の学級活動の内容にもなっているので、国語の指導事項との重複や不足がないように連携して計画する必要がある。

❷ 並行読書での学校図書館資料の使い方

1 各自が課題をもち、調べるための並行読書

　「教科書教材で乗り物についての説明文を学習し、自分の好きな乗り物について調べて説明文を書く」「食べ物について調べて説明文を書く」「平和に関することについて調べ、意見文を書く」などの学習で、教科書教材の学習と並行して関連図書を読む。

　低学年は、読んだ本から各自の調べたいテーマを決める。中学年以上は、大テーマの並行読書をしながら、各自の調べたい小テーマを決める。例えば、食べ物に関するいろいろな本を読むことにより、「食用油は何からできている油があるのか知りたい」などと具体的なテーマを見つけ出す。学年の発達段階に応じた指導計画を立てることが必要である。

　並行読書でテーマを決める時間を十分に取るとともに、並行読書により得た知識と教科書で学習したことを重ねたり、比べたりし、より深く考えることもできる。

2 読書生活を豊かにするための並行読書

　教科書教材と同じ著者の本を読む、同じテーマの本を読むなど、読書生活をより豊かにするために並行読書をさせていく。高学年では、著者についての資料や時代・地域についての資料を読むことで、教科書教材の理解を深めていく。

　「読書力」の育成としては、調べるために資料を選び、必要な部分を読んで情報を得る読書と、1ページ目から最後まで1冊を読み通す読書と、双方の力をつけていく必要がある。

❸ 公共図書館の利用

　学校図書館で図書資料を購入する際は、授業で必要な資料を優先して購入計画を立てる。さらに、公共図書館の団体貸出を利用すると副本で多くの児童が活用できたり、個々のテーマに応じた資料を得ることができたりする。

　同じ地域の学級では、ほぼ同時期に同じ単元の学習をすることになる。地域間での調整を図り、学校図書館で必要な資料をそろえた上で、公共図書館の団体貸出を利用したい。

❹ 学校司書や司書教諭の授業支援

1 学校司書と司書教諭

　学校図書館法により、12学級以上の学校で司書教諭は必置であり（第5条）、学校司書は「置くよう努めなければならない」（第6条）。司書教諭は、ほとんど兼任だが教諭として学習指導ができる。学校司書の資格は地域により異なるが徐々に配置が進んでいる。

　学校司書や司書教諭の仕事の一つに授業支援がある。学校司書、司書教諭の専門的な知識を活用し、学習指導に生かしたい。

2 資料の提供

　学習に必要な資料は、学校司書や司書教諭に選定してもらうこともある。集めてもらった資料は、目を通して、単元の目標を達成するために有効か否か判断することが大切である。学校司書が置かれていない学校もある。司書教諭が資料収集の相談にのれる存在でありたい。

3 ブックトーク等での資料の紹介

　単元の学習の中で子どもたちに資料をいつ、どのように利用させるかは、指導計画を立てる上で重要な要素である。授業の展開の中で、学校司書や司書教諭に資料の紹介をしてもらうのも効果的である。

　教科書に掲載されている読書材を紹介するには、子どもの目の前に実物の本があり、手に取りやすいことが必要である。ブックトークの手法で紹介するとその本を読んでみたいという気持ちになり、より効果的である。その際、教科書に掲載されている本は例示であるから、同様のテーマで他にも何冊か用意して紹介すると、読書の幅がより広がる。

4 授業の補佐

　学習の場としての学校図書館の活用を有効にしていく。高学年では、学校図書館で自分で必要な資料を見つけることができるようにさせる。学校司書や司書教諭を中心に、学校図書館の中に集めた資料のコーナーを作り、利用させる。教室と学校図書館とを同時に利用してもよい。図書館には常に担当者がいて、学習支援をしていく。

COLUMN

読書活動あれこれ

《子どもたちが生き生きと取り組む読書活動》

異学年交流

小学生と幼稚園児の交流

高学年の読書活動で行える活動です。絵本を選び、読む練習をして、園児に聞かせます。園児が楽しそうに聞いてくれるととってもほっとした表情を見せた5年生の姿が印象的でした。

異学年交流で読み聞かせ

縦割り班活動で行える活動。一緒に遊びや掃除をしたり、給食を食べたりしているお兄さんお姉さんから本をよんでもらい、聞きいる子どもたちです。

読書月間の取り組み

保護者や教職員による読み聞かせ

○全教職員にお願いして、テーマを決めて行います。子どもたちは好きな場所に行きます。何先生がしているかわからないので、わくわくしながら出かけていきます。

○校長による朝会での全校児童への読み聞かせは読書欲が高まります。

本の紹介

○保護者・図書委員・教職員のおすすめの本の紹介をカードに書いて、本と一緒に掲示します。

家庭での読書時間の充実

○「なかよし読書」は、お家の人と同じ本を読んだり、互いに読み聞かせをしたりします。

○父母・兄弟姉妹・祖父母と同じ時間に読書をする環境をつくる。

～新たな本との出会い～　ミニビブリオバトル：書評合戦

授業での取り組み　国語・総合的な学習の時間にゲーム形式で行い、読書への興味を高める。

小学生ビブリオバトル
〔公式ルール〕

1. 読んでおもしろいと思った本を持って集まる。
2. 順番に一人3分間で本を紹介する。
3. 発表者に全員で2～3分間の質問タイム。
4. 「どの本が一番読みたくなったか」で投票し、一番票数の多かった『チャンプ本』を決める。

育てたい力　・自分の考えが話せる学級づくり・短い文章で話す力・友達の話を聞く力
・先生の手本を見て学び、考える力・自分で本を選ぶ力など

第 2 章

並行読書を取り入れた
授業プラン

1年 **文学教材**

単元名 おはなしのすきなところをしょうかいしよう

中心学習材
（教科書教材）「ずうっと、ずっと、大すきだよ」　　　　　　【全8時間】

並行読書のねらい

　教科書作品「ずうっと、ずっと、大すきだよ」を、場面の様子や登場人物の行動を中心に想像を広げて読み取る中で、自分の好きな場面を見つけたり、登場人物への思いをもったりするようになる。そこで、作品についての思いを「本の紹介」としてカードを書く。

　本単元では、並行読書として動物をテーマとした作品を読み、同じように「本の紹介カード」を作成する。作成した「本の紹介カード」をもとに、交流し、友達の考えや思いを知り、さらに自らの読書の幅を広げるきっかけとする。

並行読書を生かした活動

1．本の紹介カード作成への取り組み

①動物をテーマとした作品であることを知らせ、教室に置く。

　・並行読書する作品を教師側で選んでおく。

②教科書作品を読む。

　・挿絵を活用したり、登場人物の心情を吹き出しに書かせたりし、場面の様子や変化、登場人物の気持ちを読み取れるようにする。

　・場面ごとに学習感想を書き、紹介カードに生かせるようにする。

③教科書作品で「本の紹介カード」を作成する。

　・学習を振り返り、好きな場面や登場人物の行動で心に残ったところを思い出す。

　・カードには、「好きな場面の絵」、登場人物、簡単なあらすじ、自分の感想などを書くようにする。

④並行読書で選んだ作品から「本の紹介カード」を書く。

　・③と同じ要領で作成する。

2．本の紹介カードをつかった交流への取り組み

　「本の紹介カード」を使って、「お気に入りの本」の紹介をし合う。活動は年間を通して継続的に行う。

　本を紹介し合う交流の範囲は、ペア（二人組）→四人組→学級内→学年のように発達段階に応じ、段階的に広げていく。交流することを目的に、子どもたちは作品の好きな場面、登場人物の行動に着目し意識的に読むようになる。

　また交流を継続し、範囲を広げていくことで、友だちの紹介した本を手にとったり、関心をもったりし、自らの読む本のジャンルを広げるきっかけになる。

並行読書図書リスト

書名 てぶくろ
著者 エウゲーニ・M・ラチョフ
出版社 福音館書店
出版年 1965年
本単元での扱い 雪の降る中に落ちていた「てぶくろ」。あたたかそうな「てぶくろ」につぎつぎと動物たちがおとずれます。場面を想像すると楽しくなるお話です。読み聞かせをしながら子どもたちとのやり取りが楽しめる本です。

書名 うごいちゃだめ！
著者 エリカ・シルヴァン
出版社 アスラン書房
出版年 1996年
本単元での扱い アヒルとがちょうの意地の張り合いが思わぬ方向に……。ハラハラドキドキの展開で、子どもたちが夢中になってお話に浸ります。気に入った本を選ぶことができない子にも、読み聞かせをし、助言をしてあげられるでしょう。

書名 いとしの犬ハチ
著者 いもと ようこ
出版社 講談社
出版年 2009年
本単元での扱い 大好きな先生の帰りを、いつものように駅でまつハチ。ある日から、先生は待っても待っても帰ってこなくなります。それでも毎日、先生が帰ってくることを信じて、雨の日も雪の日も駅で待つハチ。駅で10年間も待ち続けた「ハチ公」の実話をもとにしたお話です。

書名 バルト　氷の海を生きぬいた犬
著者 モニカ・カルネシ
出版社 徳間書店
出版年 2014年
本単元での扱い ある冬の寒い日、ビスワ川に浮かぶ氷の上にいた一匹の犬。犬は厳しい寒さの中、おなかをすかせ、何度も危ない目に遭いながら生き延び、海洋調査船の乗組員に助けられます。本当に起こった出来事をもとにしたお話です。

書名 おおきくなりすぎたくま
著者 リンド・ワード
出版社 ほるぷ出版
出版年 1987年
本単元での扱い 少年が森で手に入れたのは、かわいい小ぐま。少年は大切に育てます。でもこの小ぐま、成長するにつれ村の食べ物や畑、大切なかえでの砂糖水までも荒らすようになります。大きくなりすぎたくまを、少年はどうするのでしょう。

その他、書名やテーマ

●絵本から児童書への橋渡しに
『いやいやえん』
『こぐまのくまくん』
『どろんこぶた』
『おさるのまいにち』
『きつねのこシリーズ』

●動物の命を写真で描いた本
『こいぬがうまれるよ』

単元について

単元のねらいと概要

　本単元では、主体的に作品を読み、読書の楽しさを経験し、読書に親しむことをねらいとしている。教材文で「紹介カード」の書き方を学習する。それを生かして、並行読書から子どもたち自身がおすすめの本を選び、選んだ本について「紹介カード」を書き、隣のクラスの友達に紹介するという展開になっている。本学習を通して、自分の読書生活を豊かにしたり、さらに友達と紹介し合うことで、読書の楽しさを共有し合ったりできるようにした。

単元の目標

◎知らせたい本を選び、紹介し合うことを楽しむことができる。（関心・意欲・態度）
○場面の様子について、登場人物の行動を中心に、想像を広げながら読むことができる。（読むこと）
○文と文のつながりに気をつけて、物語の内容や好きなところをカードに書くことができる。（書くこと）

言語活動

1. 「ずっと、ずうっと、大すきだよ」を読む。
    - 場面の様子や登場人物の行動を読みとる。
    - 簡単な感想をまとめていく。
    - 動物を扱った本を教師が読みきかせする。
    - 教室に動物を扱った本を置き、各自読み進める。
2. 「ずうっとずっと、大すきだよ」の「紹介カード」を書く。
    - 自分の好きな場面の様子や、物語の内容（だれがどうした）を書く。
    - 簡単な感想を加えたり、好きな場面の絵を描いたりする。

3. 自分のお気に入りの本を選び、「紹介カード」を書く。
    - 自分が並行読書をしてきた中で、自分の紹介したい本を選ぶ。
    - 物語の内容や簡単な感想を「紹介カード」に書く。
4. 本の紹介を行う。
    - 「紹介カード」を使って、本の紹介を行う。
    - 紹介について簡単な感想を話す。

単 元 計 画

次	学習活動	指導内容☆評価	並行読書活動	補充と発展
一次（1時）	①「ずうっとずっと大すきだよ」のお話の全体を読む。 ・初めの感想をもつ。 ・心に残ったところや好きなところ、疑問に感じたことなどを交流する。	・挿絵を見て、全体の流れをつかませる。 ☆お話全体を通して、簡単な感想をもっている。	・「ずうっとずっとだいすきだよ」を読む ・その他動物を扱った作品を教室に置き各自読み進める	・動物を扱った児童書 ※子どもの実態に合わせ、文字の多い児童書なども加える。
二次（2〜5時）	②「ずうっとずっと大すきだよ」を読む。 ・場面ごとの登場人物の思いや考えをワークシートの吹き出しに書く。	・場面ごとの様子や登場人物の行動を読み取る。 ☆場面ごとの様子や登場人物の気持ちを書き表している。	・「ずうっとずっとだいすきだよ」を読む ・その他動物を扱った作品を各自読み進める	
三次（6時）	③「ずうっとずっと大すきだよ」の紹介カードを書く。 ・物語の大体（だれが・どうした）や簡単な感想を書く。 ・好きな場面の絵を描く。	・これまでの学習を振り返らせ、紹介カードに書くことを考えさせる。 ・好きな場面を選ばせる。 ☆「ずうっとずっと大すきだよ」の紹介カードを書いている。	・「ずうっとずっとだいすきだよ」 ・各自で読み進めた作品の中から、紹介カードに書く作品を選ぶ	
四次（7〜8時）	④自分のお気に入りの本の「紹介カード」を書いて、隣のクラスの友達と紹介し合う。 ・お気に入りの本も、物語の大体（だれが・どうしたのか）を書くようにする。 ・紹介を聞いて、感想を話し合う。	・作品を選ばせる。 ・だれがでてくるか、どうしたのかや簡単な感想を書かせる。 ☆自分の選んだ作品で紹介カードを書いている。 ☆紹介しあって、友達の紹介カードのよさを見つけている。	・自分の選んだ作品 ・友達が選んだ作品	

1年 文学教材 21

並行読書を生かした第7時の展開例

1 本時の目標　　自分の選んだお気に入りの本の紹介カードを書くことができる。
2 本時の評価規準　物語を読んで、好きな場面を紹介する活動に、意欲的に取り組んでいる。
3 本時の展開

	○学習内容・予想される子どもの反応	◎指導内容 ※留意点 ☆評価
導入	○自分が紹介する本を選ぶ。 　並行読書で、「動物」についての本を読み、自分のお気に入りの本を決めておく。	◎これまで並行読書してきた本の中から、紹介したい本を選ばせる。 ※並行読書をする本は、個々の児童や学級の実態に合わせ選んでおく。
展開	○自分のお気に入りの本の「紹介カード」に書く内容を考える。 ・本の題名。 ・だれがでてくるか。 ・どんなことがあったか。 ・好きな言葉はなにか。 ・自分はどう思ったか。 ・好きな場面。 ・おすすめの一言など。 ○「紹介カード」を書く。 ・「丁寧な字で書こう。」 ・「ここがおもしろかった。」 ・「おすすめの言葉を入れたい。」 ○お気に入りの場面の絵を描く。 ・「ここがかわいいから描きたい。」 ・「ここが好きだから描きたい。」	◎「ずうっとずっと大すきだよ」の紹介カードに書いたことを振り返って、考えさせる。 ※前時に児童が書いた紹介カードの内容を把握し、見本事例となるものを挙げておく。 ◎自分の選んだ本で「紹介カード」に書く内容を考えさせる。 ※好きな場面の絵から描いてもよい。 ◎友達に知らせることを意識して、書かせる。 ※感想は簡単でもよい。 ※おすすめの一言をいれてもよい。
終末	○書いた「紹介カード」を読み返す。	◎書いた内容が伝わるかを考えながら読み返すよう指導する。 ※隣同士で読み合ってもよい。 ☆自分のお気に入りの本について「紹介カード」を書いている。

4 板書例

ずうっと　ずっと　大すきだよ

おきにいりの本の「しょうかいカード」をかこう。

◎なにをかこうかな。
・本のだいめい
・だれがでてくるか。
・なにがあったのか。
・すきなことば
・おもったこと
（・おすすめのことば）
・すきなばめんのえ

○となりのクラスのともだちにつたえよう。
・ていねいな字
・ていねいなことば
・よみかえす。

5 児童作品

本単元で書いた紹介カード

単元後書いた紹介カード

その他のねらいに応じた並行読書図書リスト

●同じ作品テーマで読む場合

書名　『どろんこハリー』『11ぴきのねこ』『てぶくろをかいに』

指導のヒント　読書にそれほど親しんでおらず、自分から本を手にすることが少ない子については、「動物」の本の中から、楽しいお話、おもしろいお話、ハラハラするお話など、児童一人一人が興味をもてるように、あらゆるテイストのものをそろえておきたい。

●命をテーマに読む場合

書名　『100万回生きたねこ』『わすれられないおくりもの』『かわせみのマルタン』

指導のヒント　低学年では、経験や身近なところから「死」に遭遇したことのない子も多く、「死」についてのとらえさせ方が難しい。「死」について単に「かなしい」、「かわいそう」というだけでなく、他の登場人物とのかかわりを丁寧に読みとらせ、考えさせたい

1年　文学教材

┊1年┊ 説明文教材┊

単元名 くらべて　よもう

中心学習材
（教科書教材）「どうぶつの　赤ちゃん」（光村図書）　　　　　【全9時間】

並行読書のねらい

○ほかの　どうぶつと　くらべながら　よむ

> ライオンや、しまうまの　赤ちゃんと、ほかの　どうぶつの　赤ちゃんを　比べ
> て読み、特徴を選んで読み取り、「どうぶつえんの　おびカード」をつくる。

　教科書に取りあげられている動物の赤ちゃんは、ライオンとしまうまである。これらの動物は各々個性をもっている。子どもたちは、比べて読む中で強い関心を示すことと思う。さらに、もっと詳しく読みたいと思うことや自分の興味ある動物を選び、赤ちゃんの様子を比較させる。赤ちゃんの成長や、親の愛情など感じさせたい。

　動物の特徴を比べて読むためには、親とのふれあいや、お乳の飲み方、食べ物を得るまでの成長のしかたなど、事柄ごとに認識させ、それぞれの動物の特徴や違いを読み取らせる。教材に関連して詳しく書かれている本や、子どもが興味のある動物の本を選ばせ、並行読書をさせていく。調べたことは、B4用紙の画用紙を四分切りにし、一枚ごとに一つの事柄を文と絵にかかせる。はじめ、中、終わりと3枚でき上がった絵カードをセロテープを使って横に貼りつけ、帯状にして作品化する。

並行読書を生かした活動

1．「どうぶつえん　おびカードづくり」
　①動物園で見た動物や、テレビ、図鑑で見た動物を思い出させ、発表させる。
　②教科書の文章を読んで、赤ちゃんの様子やお母さんとのことを「黄色付箋紙」3枚に
　　書き、友達と見せ合う。
　③ライオンとしまうまの赤ちゃんの違いを読み比べ、青色付箋紙に書き加える。
　④ほかに読みたい動物の絵本・動物の赤ちゃん・図鑑などを選んで読む。
　　ア．読みたかったわけ　イ．赤ちゃんのようす　ウ．可愛いことや感心したことを
　　読み取り友達に伝える。
　⑤友達に伝えたことを3つにまとめてカードに書く。B4四つ切の画用紙にア、イ、ウ
　　を書く。
　⑥「動物のカード」をセロテープで帯のように張り合わせて、折り合わせる。カードは

1	2	3

　　つけ足してもよい。

2．「どうぶつえんの　おびカード」の発表会
　①めあて：動物の赤ちゃんの可愛いところをグループで伝え合う。
　②3、4人組のグループでOHPを使って伝える。聞き手の質問にこたえる。
　③全体で面白い動物ナンバーワンを挙手で選ぶ。わかりやすい発表をした人に拍手する。

並行読書図書リスト

書名 どうぶつの赤ちゃん シマウマ
著者 ますいみつこ・監修
出版社 株式会社ポプラ社
出版年 2008年3月
本単元での扱い 内容を詳しく深めて読む。シマウマはライオンなどの敵から逃げるため、生まれてすぐ立ち、はやく走ることができる。草原で生きる智恵をいろいろと学ぶことができる。

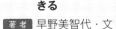

書名 大切ないのち、生まれたよ！ 1 アフリカの草原に生きる
著者 早野美智代・文
出版社 学研教育出版
出版年 2010年
本単元での扱い アフリカゾウ、ライオン、キリンについて赤ちゃんの成長が写真と共に詳しい。ライオンが家族の中で生きる姿を詳しく読み深めることができる。

書名 ぼくじょうのどうぶつ
著者 今泉忠明・監修
出版社 フレーベル館
出版年 2008年
本単元での扱い 農家や牧場にいる家畜は、子供たちも実際に見たことのある動物が多く、身近に感じると思われる。ヒヨコ、子ブタ、子牛、子ヤギなどの赤ちゃんの成長を知り、人との生活の中で共に暮らしてきたことを理解する。

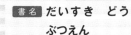

書名 だいすき どうぶつえん
著者 福田豊文・文
出版社 永岡書店
出版年 2014年
本単元での扱い 小型の写真アルバム。26種類の動物を掲載。それぞれの特徴が写真と短くわかりやすい文で表現されているので、気に入った動物を決めることができる。選んだ後、詳しく書かれた本を選ぶとよい。

書名 ほんとのおおきさ あかちゃん動物園
著者 小宮輝之・監修
出版社 学研マーケティング
出版年 2014年
本単元での扱い 動物の赤ちゃんの実物大の写真が各ページに掲載されていて1頁ごとに感動がある。子供は親しみを感じて読むだろう。21種類の動物の赤ちゃんの特徴を知ることが出来る。

書名 あなたの小さかったとき
著者 越智登代子・文、藤枝つう・絵
出版社 福音館書店 出版年 2002年
本単元での扱い 動物の赤ちゃんを読み比べると、みんなお母さんが大好きだということがわかる。子どもたちが甘えながら大事に育てられたことを思い出し、家族の大切さを認識するのに適した本。教材の発展学習として扱いたい1冊である。

単元について

単元のねらいと概要

　子どもたちは、身近にいるネコやイヌをはじめ、動物に関心・興味をもっている。教科書では、ライオンとしまうまの赤ちゃんの違いを、ことがらや順序を押さえて書き分けている。さらに絵本や図鑑などで動物園や自然の中に生きる動物の赤ちゃんについて読み、生まれたときのようす、エサの取り方や育ち方について、わかったこと、面白いと思ったことを「動物カード」にして作り、友達と伝え合う。

単元の目標

○教科書と比べながら動物図鑑や動物読み物を読み、動物の赤ちゃんについて興味をもつことができる。（関心・意欲・態度）
○教科書で赤ちゃんの書き方を理解する。動物図鑑や動物の本を読んで、赤ちゃんのようすやお母さんとのふれあいを読み取ることができる。（読むこと）
○教科書で読んだライオンとしまうまの赤ちゃんの様子や感じたことをまとめる。図鑑や動物絵本で読んだ好きな動物の赤ちゃんについてわかったこと、思ったことを書くことができる。（書くこと）

言語活動

1．「どうぶつの　赤ちゃん」（教科書教材）を読む。
○ライオンとしまうまの赤ちゃんの対照的な様子を読み取り、違いを見つけて書くことができる。
○「生まれた時の大きさ、目や耳のようす、動きやエサについて」

> うまれたときは、子ねこぐらいの大きさで、目や耳をとじたまま。

> ２か月くらいおちちだけ、のんでいる。

2．教材のほかに「動物の赤ちゃん」について書かれた本を読む
○教材の動物についてさらに詳しく書かれている本や、他の動物（本単元では、例としてカンガルー）について書かれている本を選んで読む。
○「好きな動物を選んだわけ」、「知りたいこと」について考えて、カードに書く。
　・カバが水浴びがすきなわけを知りたいから読む。
　・パンダは、竹だけを食べるのか、赤ちゃんも固い竹を食べるのか、知りたいので読む。

3．読んでわかったことをカードに書き、友達と伝え合う。
○（調べたわけ・赤ちゃんの様子・おもしろいと思ったこと）を3枚のカードに書く。
　・カードを張り合わせて見せ合いながら友達と伝え合う。

4．わかりやすい作品をグループから選んで、学級全体で発表し、よいところを伝え合う。

単元計画

次	学習活動	指導内容☆評価	並行読書活動	補充と発展
一次（1〜2時）	①教材を読む。おもしろいこと、なるほどとおもったこと、驚いたことなどを選び、話し合う。 ・感じたことを、学習ノートに書く。	・赤ちゃんの様子を表している言葉や文を探して読む。 ・わかったことや感じたことをノートに書く。	ほかの好きな動物を図鑑や本、写真集でさがす。	赤ちゃんが出てくる動物図鑑、写真集など収集する。
二次（3〜5時）〔本時 4時〕	②教科書教材「ライオンとしまうまの赤ちゃん」を他の本と読み比べ、詳しくわかったことを書く。 ・ライオン〔大きさ・目や耳・あるくこと・おちちをのむようす・エサ〕 ・しまうま〔大きさ・たちあがる・はしる・おちちをのむようす・草をたべる〕 ・事柄ごとに読み分け、親に似ているか・生まれた時の様子・大きくなっていく様子など深めて読む。	・ライオンとしまうまの赤ちゃんを読み比べて、わかったことを付箋に書かせる。ことがらに分けて読んでいく。 ・親に似ているか、大きさ、様子、えさの取り方など付箋に書き分ける。 ・選んだ本から詳しい事柄を加え、感じたことを書き加える。	・ライオンやしまうま、カンガルーの赤ちゃんの様子が書かれている本を、詳しく読む。 ・(1) 親に似ているか、(2) 生まれた時のようす (3) 大きくなっていく様子など比べて読む。	生まれた時の様子、おちちや食べ物、動きを書き分けるために青、ピンク、黄色などの付箋紙を活用する。 ・イラストや図を書き足す。
三次（6〜7時）	③「どうぶつえん　おびカード」を作る。 ・好きな動物について、読んで伝えたいことを書く。 ア．えらんだわけ。知りたいこと。 イ．読んでわかったこと。親に似ている・親にしてもらうことなど。 ウ．大きくなっていく様子から感じたこと。 ・カードを貼り合わせて繋げる。	・好きな動物を選んで、わかったことやおもしろいと感じたことを書く。 ☆事柄ごとに分けて書いている。	・動物の赤ちゃんカードを作る。 ・3枚程度のカードに書く。 ・カード3枚を繋げて折りたたむ。	早くできた場合は、他の動物について読んだり書いたりする。
四次（8〜9時）	④「どうぶつえん　おびカード」を読み合う ・くわしく知りたいこと、興味を持ったことをたずね合う。	・グループ3、4人で交互にカードを読む。感想や質問をする。 ・グループの代表が全体で発表する。	・友達のカードを読み、本を読み広げる。	全体発表は、本の表紙をOHPなどを使用し、拡大する。

1年 説明文教材 27

並行読書を生かした第4時の展開例

1 本時の目標　　　教材のライオンの赤ちゃんの様子を、さらに深めて理解できる。
2 本時の評価規準　本教材とくらべて、さらに詳しい事柄を読み深めている。
3 本時の展開

	○学習内容・予想される子どもの反応	◎指導内容 ※留意点 ☆評価
導入	○ライオン、しまうま、カンガルーの それぞれの赤ちゃんの特徴を、前時 を振り返って伝え合う。 ・ライオン：よわよわしい。 ・しまうま：生まれてすぐ立ち上がり、 2、3日で草を食べる。 ・カンガルー：お母さんのお腹の袋の 中でおちちをのんで育つ。	◎教材文を読んで、わかったことを振 り返る。 教材を読んで、ライオン、しまうま、 カンガルーの特徴を思い起こす。それ ぞれ感じたことを述べる。 ＊前の時間、特長を比較した表を活用 して振り返る。
展開	○他の本を選んで、詳しく読む。 ・ライオンの赤ちゃんは、きょうだい で一緒にお母さんのお乳をのみ合う。 ・目が開くと、仲間の群れに入って一 緒にくらす。赤ちゃん同士でふざけ たり、けんかしたりして強くなる。 ・しまうまの赤ちゃんは、生まれてすぐ、 立ち上がる。30分立つとお母さんの お乳を立ったまま、飲む。一人で草 を食べて大きくなっていく。 ・カンガルーの赤ちゃんは、お母さん の袋の中でお乳を飲みながら、大き くなる。安心、安全。	◎動物の赤ちゃんの本を並行して読み、 動物の特徴を書き加えさせ、関心を 広げていく。 ※前時に書いたカードを見ながら、特 長を思い起こす。 ※新しく読んだ本から、異なる特徴を 見つけて読む。 ☆本をえらぶことができている。 ☆動物の特徴を読み取ることができて いる。 ◎動物の赤ちゃんの特徴を選んで付箋 に書き足す。
終末	○どんなことがわかったか、感想を伝 え合う。 ・ライオンは、小さいときは弱い。 ・しまうまは、弱くておとなしいけれど、 早く大人と一緒に逃げる力がある。 ・カンガルーは、お母さんのお腹の中で、 ゆっくりおおきくなる。	◎今までに気づいたことや、面白いと 思ったことを、友達に伝える。 ※書いたことをもとに、感じたことを 伝え合う。 ☆動物の特徴を知り、感想をもち、伝 えている。

4 板書例

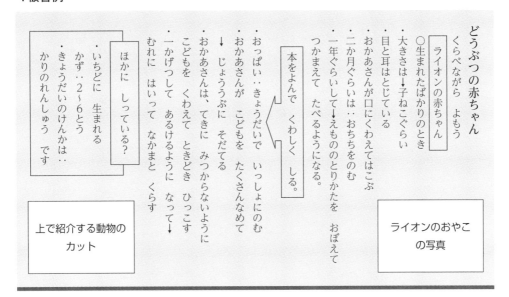

5 児童作品　すきな　どうぶつ

わたしの　すきな　どうぶつ

【すきな　どうぶつ　の　しょうかい】
斑点のあるヒョウの絵

　すきな　どうぶつ　は、ヒョウです。
　ヒョウは、アフリカにいます。よわいどうぶつを　つかまえて　たべます。
　ヒョウは、はしるのが　はやいから　えものを　おいかけて　とります。ヒョウの　からだには、はんてんの　もようが　あります。木のぼりが　うまくて　木のうえで　ひるねを　しています。ヒョウは、かっこう　いいなと　おもいます。

【おもしろい　どうぶつの　赤ちゃん】
キリンの絵

　キリンの赤ちゃんは、ぼくの　お父さんの　せのたかさと　おなじです。1メートル70センチも　あります。おとなの　キリンは4メートルよりたかくなります。だから　くびを　のばして　たかい　えだの　はっぱを　たべます。おとなしい　どうぶつだから　だいすきです。

その他のねらいに応じた並行読書図書リスト

●いろいろなどうぶつの赤ちゃんをくらべよう（今泉忠明）

書名　『どうぶつの赤ちゃんしぜんにタッチ！』　出版：ひさかたチャイルドの科学絵本

指導のヒント　いろいろな動物の赤ちゃんのことが、写真と文で書かれている。好きな動物を選ばせ、比べて違うこと、共通していること、動物それぞれのすごいと思ったことについて気づかせる。読み取ったことについて感想を話し合う。

●ライオンのひみつをもっとさがそう

書名　『どうぶつの赤ちゃんライオン』　監修　ますい　みつこ　：出版社：ポプラ社

指導のヒント　ライオンの親子が草原を歩く写真から始まるこのアルバムは、家族やむれに守られて育つ赤ちゃんの成長が書かれている。主教材のライオンを詳しく読み、お母さんとのつながり、きょうだい、群れとの関わりについて知る。きょうだいとの遊びは、将来の狩りの練習になる。お母さんではないメスからもお乳をもらうなど、理解したことをカードにまとめる。

＊1年＊ 伝統的な言語文化や詩歌

単元名 聞いて楽しもう

中心学習材
（教科書教材）　「まのいい　りょうし」（光村図書）　　　　　【全6時間】

並行読書のねらい

○たくさんの昔話に出会うための読書活動

> 教科書教材「まのいい　りょうし」の学習をきっかけに、並行読書を通して他の
> たくさんの昔話に出会い、おもしろさを味わう。

　教科書教材「まのいい　りょうし」は、ある猟師が、たった一発の鉄砲を撃っただけで、鴨15羽に大猪1頭、山芋25本、海老やどじょうや雑魚、そして雉の卵10個を手に入れたという夢のように幸運なお話である。この他にも日本の昔話には、奇想天外なおもしろい話がたくさんある。昔話に出てくる登場人物も、おじいさん、おばあさん、お嫁さん、犬・タヌキ・キツネなどの動物、そして鬼や化け物、幽霊と実に多彩である。

　しかしながら、近頃の子どもたちの読書傾向を見ると、お話の本は読んでいるものの、昔話を読んでいる子どもは少ない。また、「白雪姫」や「おおかみと七匹の子やぎ」などの外国の昔話に比べると、日本の昔話はあまり読まれていないという様子が見られる。そこで、子どもを日本の昔話に出会わせ、昔話ならではのおもしろさに気づかせるとともに、そのおもしろさを十分に味わわせたい。自分で数多くの昔話を読むことで、子供は、伝統的な言語文化により親しみ、おもしろさを実感できるようになる。

　そして、読んだ本の中からお気に入りの1冊を選び、カードに書く。書いたカードを使って、友達と互いにお気に入りの本を紹介する活動を行い、昔話への興味や関心がさらに高まるようにする。

　なお、休み時間や朝読書の時間などいつでも子どもが本を手に取って読めるように、本を50冊ほど集めて、教室に昔話コーナーを設置する環境づくりを事前に行っておく。

並行読書を生かした活動

お気に入りの昔話の本を紹介する取り組み

①ブックトークを通して、どんな昔話があるのかを知る。

　　学級に用意した50冊の中から、お嫁さんが出てくる話、お化けが出てくる話、元気な男の子が出てくる話など、登場人物ごとに代表的な本を7～8冊紹介する。

②自分でいろいろな昔話を読み、読書記録カードに記録していく。

　　読書記録カードには、読んだ本の名前・作者名・感想を書く。

③読んだ本の中から、お気に入りの本を1冊選び、「ぼくの、わたしのお気に入りの本」カードを書く。

④「ぼくの、わたしのお気に入りの本」カードを使って、友達に本を紹介する。

　　話しやすいように、3～4人のグループで行う。

並行読書図書リスト

書名 日本の民話えほん
　　　ばけものでら
著者 岩崎京子・文
出版社 教育画劇
出版年 2000年

本単元での扱い 子どもが大好きなお化けの出てくる話。ある日、旅のお坊さんが古いお寺にたどり着くと、村人から「そこに泊まってはいけない。」と止められる。しかし、止めるのも聞かずに泊まり、ばけもの達と大騒ぎするお話。

書名 むかしむかし絵本
　　　10　ふるやのもり
著者 今江　祥智
出版社 ポプラ社
出版年 1990年

本単元での扱い 馬を狙ってやって来た泥棒と狼が、小屋に住むじいさまたちから「この世で一番恐ろしいのは『ふるやのもり』で、今夜あたり来る。」と聞き、大慌てで逃げ出す。テンポがよく、面白い昔話である。

書名 ももたろう
著者 松居直・文
出版社 福音館
出版年 1986年

本単元での扱い 代表的な日本の昔話の1つとして、読ませたい話。川で洗濯をしていたおばあさんが、川上から流れてきた大きな桃を拾った。桃を割ってみると、中から元気な男の子が出てきた。

書名 むかしむかし絵本2
　　　やまんばのにしき
著者 松谷みよこ・文
出版社 ポプラ社
出版年 2007年

本単元での扱い 山姥が出てくる話。ちょうふく山に住んでいる山姥が子どもを産んだお祝いに、あかざばんばが村人の代表として餅を届けに行く。すると山姥は、そのお礼に不思議な錦をくれたのだった。

書名 日本の民話えほん
　　　ねずみのよめいり
著者 岩崎京子・文
出版社 教育画劇
出版年 2008年

本単元での扱い 日本の昔話には、「おむすびころりん」などねずみが登場するものが多いが、この話もその中の一つである。ネズミの父親が、娘のために世界一の婿を探す話。

その他、書名やテーマ
・子どもがよくお気に入りの本に選ぶ本
『よっぱらった　ゆうれい』
『とりのみじいさん』
・代表的な日本の昔話として読ませておきたい本
『いっすんぼうし』
『はなさかじい』
『さるかにばなし』
『かさこじぞう』

単元について

単元のねらいと概要

　本単元は、日本の伝統的な言語文化の一つである昔話に親しむことをねらいとしている。
　はじめに教材文を読み聞かせ、登場人物の行動を中心に場面の様子を想像させる。次に、自分で教材文を読んだり、全体で話し合ったりして、昔話の楽しさやおもしろさを感じ取らせる。その後、自分でいろいろな日本の昔話を読む読書活動を行う。そして、読んだ本の中からお気に入りの１冊を選び、友達と互いに紹介する活動へと展開していく。

単元の目標

○昔話の読み聞かせを聞いたり、自分で読んだり、本を紹介したりすることを楽しんでいる。（関心・意欲・態度）
○昔話の場面の様子や登場人物の行動を想像しながら読み、話の大体の内容をとらえることができる。（読むこと）
○昔話の気に入ったところをカードに書くことができる。（書くこと）

言語活動

1. 「まのいい　りょうし」の読み聞かせを聞く。
   ・登場人物やあらすじを確認する。
   ・２回目は、自分で教材文を読む。
   ・おもしろかったところを中心に、全体で感想を話し合う。

2. 自分でいろいろな昔話を読む。
   ・はじめに、ブックトークを通してどんな昔話があるのかを知る。
   ・自分で読み、読んだ本の名前と作者名と感想を読書記録カードに記録する。

〈読書記録カードの例〉「おもしろかったですか」の書き方　すごくおもしろい◎　おもしろい○　まあまあ□

	本の名前	書いた人の名前	おもしろかったですか
1	とりのみじいさん	おざわ　ただし	◎
2	さるかにばなし	さいごう　たけひこ	○
3	かぐやひめ	いわさき　きょうこ	□

（以下省略）

3. お気に入りの１冊を選び、「ぼくの、わたしのお気に入りの本」カードを書く。

4. 「ぼくの、わたしのお気に入りの本」カードを使って、友達に本を紹介する。

単元計画

次	学習活動	指導内容☆評価	並行読書活動
一次（1時）	①場面の様子や登場人物の行動を想像しながら「まのいい りょうし」の読み聞かせを聞く。 ②自分で教材文を読む。 ③おもしろかったところを中心に感想を話し合う。	・4つの場面の絵を順に掲示し、絵の下に獲物を板書してあらすじを正しくつかませる。 ・わかりにくい語句は、丁寧に解説する。 ☆読み聞かせを聞くことを楽しんでいる。 ☆話の大体の内容をとらえている。	・日本の昔話の本（約50冊を教室に準備）
二次（2～4時）	④ブックトークを通して、どんな昔話があるのかを知る。 ⑤自分でいろいろな昔話を読み、読んだ本を読書記録カードに記録する。	・用意した本の1部についてブックトークを行う。 ・読書記録カードの書き方を指導する。 ☆自分で昔話を読むことを楽しんでいる。	・日本の昔話の本（約50冊を教室に準備）
三次（5時）	⑥読んだ本の中から、お気に入りの本を1冊選び、「ぼくの、わたしのお気に入りの本」カードを書く。	・読書記録カードを見ながら選ばせる。 ・選んだ本をもう一度読ませる。 ・どこがおもしろかったかがわかるように書かせる。 ☆気に入ったところを書いている。	・自分が選んだお気に入りの本
四次（6時）	⑦「ぼくの、わたしのお気に入りの本」カードを使って、友達に本を紹介する。	・はじめに少人数グループ（3～4人）で紹介させ、その後、全体で話し合わせる。 ☆本を紹介することを楽しんでいる。	・自分が選んだお気に入りの本

1年 伝統的な言語文化や詩歌 33

並行読書を生かした第6時の展開例

1 本時の目標　自分が選んだ本を「ぼくの、わたしのお気に入りの本」カードを使って紹介できる。

2 本時の評価基準　本を紹介することを楽しんでいる。

3 本時の展開

	○学習内容・予想される子どもの反応	◎指導内容 ※留意点 ☆評価
導入	○本時のねらいを知る。 　自分が選んだ本を「ぼくの、わたしのお気に入りの本」カードを使って友達に紹介しましょう。	
展開	○紹介するときの話し方と聞き方について考える。 〈話すとき〉 ・大きな声で話す。 ・口をはっきり開けて話す。 ・ゆっくり話す。　　　　　など ○紹介の仕方を知る。 ①ぼく（わたし）のお気に入りの本を紹介します。□□□という本です。 ②書いた人は、□□□です。 ③こういうお話です。□□□ ④おもしろかったところやよかったところを言います。□□□ ⑤この本を読んだ人はいますか。 〈聞くとき〉 ・最後までよく聞く。 ・うなずきながら聞く。 ○少人数グループで、本の紹介をする。 ・全員の発表が終わったら、カードを回して読む。 ・グループ代表で発表する子どもを選ぶ。	◎カードをもとに、友達にわかりやすく紹介する仕方を指導する。 ※本も見せながら紹介する。 ※同じ本を読んだ友達がいたら、感想を話してもらう。 ◎友達に伝わるように話したり、友達に共感して聞いたりするよう指導する。 ・グループを回り、助言する。 ☆本を紹介することを楽しんでいる。
終末	○全体で話し合う。 ・グループで選ばれた子供が発表する。 ・どこがよかったかを話し合い、全体で共有する。	※どこがおもしろかったなどを、理由をわかりやすく示して紹介している友達のよさに気づかせる。

4 板書例

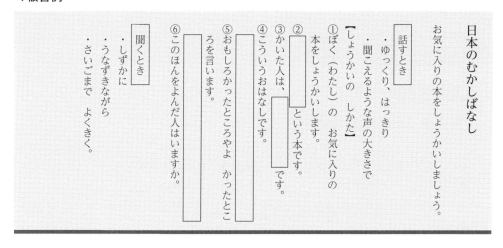

5 児童作品

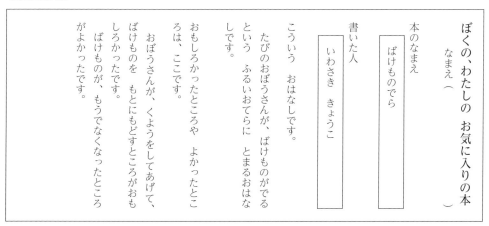

その他のねらいに応じた並行読書図書リスト

●神話をテーマにして読む場合

書名 『くにのはじまり』『あまのいわと』『やまたのおろち』『うみさち　やまさち』他

指導のヒント 昔話も神話も、長い歴史の中で、口承や筆記された書物として現代に引き継がれてきたものである。昔話は、「昔々、あるところに」などの言葉で語り始められる空想的な物語であり、特定または不特定の人物について描かれる。神話は、一般的には特定の人や場所・自然・出来事などと結び付けられ、伝説的に語られている物語である。日本には、多くの神話が伝えられている。

●落語に親しませる場合

書名 『ばけものつかい』『まんじゅうこわい』『じゅげむ』『ときそば』他

指導のヒント 落語もまた、日本の代表的な言語文化の一つである。思わず笑ってしまうユーモアたっぷりのおもしろいお話は、今の時代の子供にも親しみやすい。

| 2年 | 文学教材 |

単元名 2年4組むかしばなし村をつくろう

中心学習材
（教科書教材） 「かさこじぞう」 　　　　　　　　　　　　　　【全7時間】

並行読書のねらい

○人物像をつかむ読書活動

> かさこじぞうを読んで、行動や言葉から人物像を読み取る力を身につける。また
> 他の昔話を並行読書することで、登場人物の人物像の読みへと広げる。

　教科書作品「かさこじぞう」を読み聞かせ、初発の感想を書かせると、「じいさまがや
さしかった。」といったことを書く子どもが多数いる。そこで、「じいさまがやさしい人だ」
と感じる部分について読み深めていくと、じいさまは自分の生活も大変なのに、じぞうさ
まに対して笠を与えるだけでなく、子どもに対するような優しさを注ぎ、心豊かに生活を
していることに気づく。じいさまの優しさがわかる文章には必ず、じいさまの言動が出て
くることに気づき、言動から「どんな人なのか」を知る方法を身につけていく。そこで学
んだものを生かすために、言動に着目してさまざまな昔話を「このお話の人はどんな人か
な。」と考えて並行読書することで、人物に対する読みも深まっていく。また、「むかしば
なし村」を作り、登場人物を紹介することで、色々な性格の人がいると知ることができて、
興味をもって読めるようになる。

並行読書を生かした活動

「むかしばなし村」制作の取り組み
　1．昔話を読み、自分の気に入った登場人物を探す（家庭学習、朝読書でも可）。
　2．「人物メモ」を書く。
　　・なんの本の誰か　・どんな人なのか　・そのような人だと考えた理由
　　この3観点でメモを作成する。
　　※何作品も書いていいことにする。
　3．2をもとにして、人物紹介看板を書く。
　　※3文くらいで書く。どんな人かと、そう思う理由となる行動・言葉を書く。
　4．看板に、自分の選んだ登場人物の絵を貼り、むかしばなし村に貼る。
　　※人物（動物でも可）は、子どもに描かせても、挿絵をコピーしてもよい。
　　厚紙を貼って、中のものが飛び出すしかけのポップアップ絵本にしてもよい。

並行読書図書リスト

- 書名 子どもとお母さんのためのお話（日本のお話）
- 著者 西本鶏介・文
- 出版社 講談社
- 出版年 1996年
- 本単元での扱い たくさんの話が入っている。中でも『にんじんとごぼうとだいこん』は、短い話で行動による3人の性格の違いが子どもにもわかりやすいので導入に適したお話。

- 書名 かもとりごんべい
- 著者 いもとようこ
- 出版社 金の星社
- 出版年 2008年
- 本単元での扱い おっちょこちょいな主人公は、かもを一度に取ろうとして空に飛ばされる。落ちた場所場所で真面目に働くが、何度も空に飛ばされてしまうお話。「おっちょこちょいな人」「運のいい人」として、子どもは話を楽しんで読める。

- 書名 したきりすずめ
- 著者 那須田淳
- 出版社 小学館
- 出版年 2010年
- 本単元での扱い やさしいじいさまが、すずめのおちゅんをかわいがるが、いじわるなばあさまがおちゅんの舌を切って追い出す。じいさまの「やさしさ」に気づき紹介することができる。

- 書名 えすがたあねさま
- 著者 大川悦生・文
- 出版社 ポプラ社
- 出版年 1989年
- 本単元での扱い 嫁さまが夫に自分の似顔絵を渡し、働きにいかせた。が、絵が飛んで行ってしまう。絵を見た殿様に見初められ連れていかれるが、嫁さまの機転で殿様を追い出し、お城で夫婦仲良く暮らすお話。「頭がいい人」と読み取れる。

- 書名 うばのかわ
- 著者 長谷川摂子
- 出版社 岩波書店
- 出版年 2009年
- 本単元での扱い 娘がヒキガエルからうばの皮をもらう。うばの皮はかぶると老婆の姿になるので、それを着てちょうじゃどんの屋敷の下働きをし、ちょうじゃどんの息子に見初められ結婚する話。優しさや賢さを読み取ることができる。

その他、書名やテーマ
- 『あたまにかきのき』
- 『ももたろう』
- 『きんたろう』
- 『ちからたろう』
- 『わらしべちょうじゃ』
- 『おむすびころりん』
- 『いっすんぼうし』
- 『まのいいりょうし』
- 『したきりすずめ』

単元について

単元のねらいと概要

この単元では、物語を読み、登場人物の行動や言葉からどんな人なのか想像を膨らませる。また、そのような人物は最終的にはどうなったのかを知ったり、他の人物と比べたりすることで、読書に親しませることをねらいとしている。「かさこじぞう」は、話の流れがシンプルで、おじいさんの行動から人物像もわかりやすい。そこで、「かさこじぞう」を通してじいさまが「どのような人なのか」を読み取る方法を身につける。これを他の昔話の世界でも応用し、自分の気に入った人を探す。その人がどんな人なのかを読み取り、自分の気に入った人をみんなにも伝えるため、人物紹介看板を書いてむかしばなし村に貼る。みんなの気に入った人たちの住む、むかしばなし村ができ、本を読むことで友達の紹介する人たちに会いに行けるような楽しさがあり、読書に親しむことができる。

単元の目標

○昔話の物語や登場人物に興味をもち、進んで読書することができる。(関心・意欲・態度)
○登場人物のとった行動から想像を広げ、人物像をとらえることができる。(読むこと)
○登場人物の人となりを表す文を読み、人物紹介看板を書くことができる。(読むこと)

言語活動

1. 「かさこじぞう」を読む。
   ・内容を把握し、初発の感想を書く。
   ・じいさまがどんな人かわかるところを探して読む。
   ・かさこじぞうの「人物メモ」を書く。

2. 他の昔話を読み、むかしばなし村に住んでほしい人を探す。
   ・昔話を読んで、自分が友達に紹介したい人を見つける。
   ・登場人物の行動や言葉から、どんな人なのかを読み取り、「人物メモ」を書く。

3. むかしばなし村を制作する。
   ・「人物メモ」を参考に、人物看板を書く。
   ・紹介したい人物の看板を、むかしばなし村でその人と関係の深そうな所に置く。
   ・本も近くに立てかけて置き、興味ある本を手に取り読めるようにする。

4. むかしばなし村の住人が出てくる昔話を読み合う。

単 元 計 画

次	学習活動	指導内容☆評価	並行読書活動
一次（1〜3時）	①「かさこじぞう」を読む。 ・むかしばなしを読み、むかしばなし村をつくることを知る。 ・内容を把握し、初発の感想を書く。 ・じいさまがどんな人かわかるところを探して読む。 ・かさこじぞうの「人物メモ」を書く。	・おじいさんがどんな人か伝わってくる言動について話し合わせる。 ☆どんな人かわかる部分を読み取れている。	・日本の昔話を読み、いろいろな話を知る。
二次（4〜5時）	②他の昔話を読み、みんなに知らせたい登場人物を決め、どんな人か読み取る。 ・昔話を読んで、村に住ませたい気に入った人を見つける。 ・登場人物の行動や言葉から、どんな人かを読み取り、「人物メモ」を書く。	・登場人物の行動からどんな人かを導き出すような流れでメモをさせる。 ☆どんな人かわかる部分を読み取り、メモできている。 ※理由は2つ以上出せると良いが、1つでも良いこととする。 ☆理由となる言動を見つけ、どんな人かを読み取ることができている。	・登場人物がどんな人かその理由を考えながら日本の昔話を読む。
三次（6時）	③むかしばなし村を制作する。 ・「人物メモ」を参考に、人物看板を書く。 ・紹介したい人物の看板を、その人と関係深い所に置く。 ・本も近くに立てかけて置き、興味ある本を手に取り読めるようにする。	・なんの本の誰か ・どんな人か ・その理由となる言動を書かせる。 ☆どんな人かとその理由を看板にまとめられている。	・日本の昔話を読み、人柄やその理由を確かめる。
四次（7時）	④むかしばなし村の住人が出てくる昔話を読み合う。 ・友達の紹介する人物の出てくる本を読む。	・興味をもった本を読ませる。 ☆友達の紹介した人物に興味をもち、読みたい絵本を探して読めている。	・みんなが選んだ昔話

2年　文学教材　39

並行読書を生かした第2時の展開例

1 本時の目標　○「かさこじぞう」のじいさまはどんな人か、理由を読み取り、ワークシートに書くことができる。

2 本時の評価規準　○「かさこじぞう」のじいさまはどんな人か、理由を読み取り、ワークシートに書けている。

3 本時の展開

	○学習内容・予想される子どもの反応	◎指導内容 ※留意点 ☆評価
導入	○初発の感想を発表し、交流する。	※じいさまの人柄について書いている子どもの感想も発表させるようにする。
展開	○本文を読み、じいさまがどんな人か、そう思う理由になる叙述を探してワークシートに書き、発表して交流する。 ・優しい人だと思った。じぞうさまにかさをかぶせたから。足りなかったので自分の手ぬぐいまであげちゃったから。 ・思いやりのある人だと思った。冷たいじぞうさまの雪をなでて落としてあげたから。 ・どんな人かは違うのに、理由が同じ友達がいる。 ○「どんな人なのか」は、どんなところを読むとわかったのかを考える。 ・その人のやったことを読むと、どんな人かがわかったな。 ・話しかけている言葉からもわかる。じぞうさまに「さぞつめたかろうのう。」と言っているから、優しいと思った。	◎「どんな人か」を複合的にとらえている児童には、話を聞いて分けて考えさせる。 ◎叙述から想像し、じいさまの気持ちを書き加えているところは、認める。 ◎本文をそのまま抜き出してもよいことを伝える。 ☆じいさまがどんな人かわかる部分を見つけ、ワークシートに書いている。 ◎友達の発表で、「なるほど」と思ったものは、ワークシートに付け足すように声をかける。 ※書き出せない児童は、再度本文を読ませる。 ◎自分の意見と比べて聞く。 ◎自分とは異なった考えや、気づかなかったことも、ワークシートに書く。
終末	○登場人物の言動に注目して日本の昔話を読み、どんな人か発表する。	※読むことに課題のある児童には読み聞かせる。

4 板書例

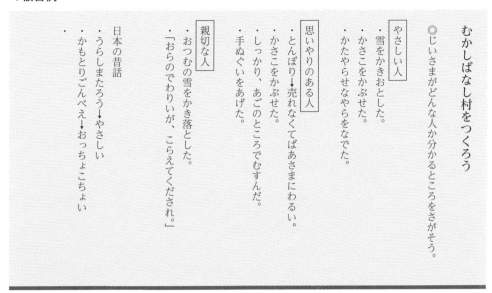

◎じいさまがどんな人か分かるところをさがそう。

むかしばなし村をつくろう

やさしい人
・雪をかきおとした。
・かさこをかぶせた。
・かたやらせなやらをなでた。

思いやりのある人
・とんぼり→売れなくてばあさまにわるい。
・かさこをかぶせた。
・しっかり、あごのところでむすんだ。
・手ぬぐいをあげた。

親切な人
・おつむの雪をかき落とした。
・「おらのでわりが、こらえてくだされ。」

日本の昔話
・うらしまたろう→やさしい
・かもとりごんべえ→おっちょこちょい

5 児童作品

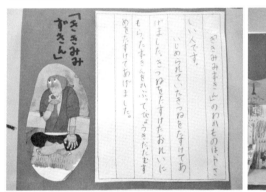

その他のねらいに応じた並行読書図書リスト

● 「やさしい人を探そう」で読む場合

書名 『したきりすずめ』『ねずみのすもう』『浦島太郎』『はなさかじい』『うろこだま』

指導のヒント 初発の感想で出てくるであろう「やさしい」に特化して読む。すると、物語を読んだ上で優しいと思える行動や言葉を探して読むことができる。優しいという視点で違う昔話の主人公を比べることができる。

● 「むかしばなしのおもしろいところを紹介しよう」というテーマで読む場合

書名 『わかがえりのみず』『いもごろごろ』『ねずみきょう』『たびびとうま』『へっこきあねさ』

指導のヒント 物語をたくさん読み、「おもしろい」と思ったお話を探す。面白いと思ったお話を友達に紹介するために読むので、目的をもって読んだり、読み広げる意欲につながりやすい。

2年 : 説明文教材

単元名 一押しのおすすめ虫の本をしょうかいしよう！

中心学習材
（教科書教材） 「すみれとあり」（教育出版）　　　　　　　　　　　　　　【全8時間】

並行読書のねらい

○虫に関する図書を読んでお勧め本を紹介する活動

> 「すみれとあり」の説明文を読み、すみれとありの共生について学ぶ。あり以外
> の他の昆虫にも興味を広げ、お気に入りの昆虫の本を1年生に紹介する。

　子どもたちは「すみれとあり」の説明文を読み、すみれがありにえさを与える代わりに
自らの種を遠くに運んでもらい子孫を残すという共生関係について学ぶ。低学年の頃は虫
に興味をもっている子どもが多く、特にありは身近で親しみやすい虫である。
　そこで、他の虫について図鑑や絵本で調べ、1年生に自分の一番お気に入りの虫につい
て「読んでみてねカード」に、その本に書いてあったこと、感動したり不思議に思ったり
したことなど、最も伝えたいことを挿絵や写真も添えて紹介するカードを作成させる。最
後に1年生とペアになり、「読んでみてねカード」を使って本の紹介をさせることをめざす。
1年生に自分のおすすめの本を読んでもらうという、目的意識・相手意識を明確にしたゴ
ールを設定することで、子どもたちは意欲的に学習するものと考える。

並行読書を生かした活動

1．「読んでみてねカード」作成に向けて
　①「すみれとあり」の導入時に、読んだ虫の本から1年生に一押しの本を選び、「読ん
　　でみてねカード」を作り、それを使って読んでもらえるように紹介することを知る。
　②「すみれとあり」の学習後「読んでみてねカード」を作成し、書き方を学ぶ。
　　　書く内容は、本の題名・本を書いた人・書いてあったこと・ふしぎ！びっくりした
　　こと・挿絵か写真のコピー。（挿絵が描けない子どもについては本の写真をコピーし
　　て貼り付けさせる。）
　③虫の本を読み、1年生に一押しの本を1冊選ぶ。（「すみれとあり」の学習と並行して
　　図書の時間や休み時間等を使って読ませる。）
　④1年生に一押しの虫の本に関する「読んでみてねカード」を作成する。「すみれとあり」
　　で作成した経験を生かして活動させる。
2．1年生に一押しのおすすめ虫の本紹介
　　1年生とペアを作り、一押しのおすすめ虫の本と「よんでみてねカード」を用意し、
　書いてあったことや感動したこと、不思議に思ったことなどを伝え、是非読んでもらえ
　るように紹介する。（1年生の担任にも協力していただき、本の紹介の時間を1時間と
　ってもらう。兄弟学級等を活用したい。）

並行読書図書リスト

- 書名 **むしのきほん**
- 著者 海野和男
- 出版社 新日本出版社
- 出版年 2009年
- 本単元での扱い 身近にいるたくさんの種類の虫たちがどんな生き物なのか、体の作りやたまごから成虫になるまでの様子などを美しい写真で紹介している。昆虫の特徴と基礎基本を学ぶ図鑑である。おすすめ虫の本リストには欠かせない図書と考える。

- 書名 **むしのなかま**
- 著者 海野和男
- 出版社 新日本出版社
- 出版年 2010年
- 本単元での扱い 昆虫の脚は６本、翅のあるものないもの、目玉の大きなものなど体の仕組みや生活の似ている昆虫を集めるとグループができる。更に脚が昆虫より多いくもやだんごむしなど昆虫でない虫についても解説され、虫を知る上で重要な一冊。

- 書名 **だんごむし**
- 著者 布村昇・文
- 出版社 フレーベル館
- 出版年 2007年
- 本単元での扱い ありとともに、だんごむしも子どもたちにとって触れる機会の多い、なじみのある虫である。だんごむしが昆虫ではなく、甲殻類であることや雄雌の見分け方、脱皮の仕方など身近なだんごむしについての不思議発見が確実な科学絵本である。

- 書名 **赤トンボ（やあ！会えたね〈7〉）**
- 著者 今森光彦
- 出版社 アルス館
- 出版年 2010年
- 本単元での扱い 田の変化とあきあかねの成長が大きく関係し、田に水が入るとあきあかねの孵化が始まり、秋になると山から産卵のため田に戻る。田んぼのめぐりあわせと合わせた、あきあかねの生態を紹介している。写真絵本。

- 書名 **新版 ちょう あげはの一生**
- 著者 得田之久
- 出版社 福音館書店
- 出版年 2010年
- 本単元での扱い あげはちょうもよく知る昆虫だが、その生態まではよく知らない。たまごがさんしょうの葉に産み付けられる、幼虫が敵を追い払うためにくさい臭いを出す、雄と雌はパートナーと出会うため同じ空の道を飛ぶ等、生態が紹介されている。

- 書名 **あれあれ？そっくり！**
- 著者 今森光彦
- 出版社 ブロンズ新社
- 出版年 2014年
- 本単元での扱い 昆虫は世界で一番かくれんぼ上手な生き物。厳しい自然の中で生き抜くためには、まずは隠れることがもっとも大切な身の守り方。子どもたちにとって昆虫の擬態の巧みさに驚きと感動をもたらす図書と考える。

単元について

単元のねらいと概要

「すみれとあり」は身近な植物と昆虫との共生関係を題材にした説明文である。順序に気をつけ、論理的な構成を押さえて読む中で、すみれがありにえさを与える代わりに自らの種を遠くに運んでもらい子孫を残すという知恵を学ぶ。ありだけでなく、自然界で生き抜く虫について読書を通して広く学び、感動したことや不思議に感じたことなどを「読んでみてねカード」で1年生に知らせることを目標とした言語活動に取り組ませる。

単元の目標

○「すみれとあり」を読み、他の昆虫にも関心をもち、楽しく読もうとすることができる。
(関心・意欲・態度)
○問いかけの文を手がかりにし、すみれとありの様子を順序に従って読むことができる。
(読むこと)
○1年生に紹介する自分の選んだ虫の本の内容や感動したことなどを「読んでみてねカード」に書いて紹介することができる。
(読むこと)

言語活動

①学習の進め方を知り、言語活動に意欲をもつ。
・「ありとすみれ」の学習をしながら、1年生におすすめの虫の本を選んで読み、「読んでみてねカード」に書いて紹介することを知る。

②「ありとすみれ」を読む。
・問いの文を手がかりに、ありとすみれの様子を順序に従って読み、すみれがありにえさを与える代わりに自らの種を遠くに運んでもらい子孫を残すという知恵を学ぶ。
・「ありとすみれ」の「読んでみてねカード」を作成し、書き方を学ぶ。

③1年生に、一押しのおすすめ虫の本を選ぶ。
・1年生にすすめたい虫の本を選んで読む。
・その本について「読んでみてねカード」を書く。

④1年生に一押しの虫の本を紹介する。

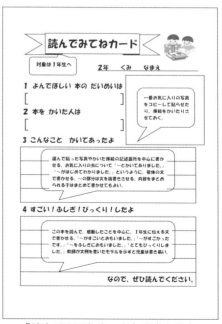

「読んでみてねカード」の書かせ方

単元計画

次	学習活動	指導内容☆評価	並行読書活動
一次（1〜2時）	①「すみれとあり」の範読を聞き、単元の学習の進め方を知る。 ・内容の大体を知り、初めて知ったこと、驚いたことなど、初発の感想を書く。 ・「すみれとあり」を紹介する「読んでみてカード」を作成し、自分が選んだおすすめの虫の本についても「読んでみてねカード」を作成して最後に1年生に紹介する学習計画を知る。	☆「すみれとあり」について初めて知ったことや驚いたことなどを初発の感想に書いている。 ・自分のおすすめ虫の本を選び、「読んでみてねカード」を書き、1年生に紹介することをめざし、学習への意欲をもたせる。	虫に関する絵本や図鑑を読む
二次（3〜5時）	②「すみれとあり」を順序に気をつけ、問題提起文や解答文を意識して読み、種を広げ子孫を残すためすみれがありと共生していることを知る。 ・問題提起、すみれが種を飛ばす、ありが種を運ぶ、問題に対する解答の順に説明されていることを写真と関連させて読み、表にまとめる。 ・「読んでみてねカード」 ①本の題名 ②本を書いた人 ③書いてあったこと ④すごい！ふしぎ！びっくりしたこと ⑤挿絵か写真のコピー 　を書く。	・写真と本文を関連させ、問題提示・観察結果・解答という順に説明されていることを理解させる。 ・文章全体の構成が視覚的にわかるように工夫して表にまとめさせる。 ☆「すみれとあり」で一番驚いたことや初めて知ったことを中心に、進んで「読んでみてねカード」を書いている。	
三次（6〜7時）	③今まで読んできた虫の本の中で、1年生に紹介したい一押しの虫の本を決め、それを「読んでみてねカード」に書く。 ・「すみれとあり」の学習を生かし、「読んでみてねカード」を書く。	・モデルのカードを提示する。 ☆「すみれとあり」の学習を生かして意欲的に「読んでみてねカード」を書いている。	
四次（8時）	④1年生に一押しの虫の本を、原本と「読んでみてねカード」を提示して1対1で紹介する。	・1年担任と協力し、兄弟学級等で紹介する場を設定する。 ☆一押し虫の本を意欲的に紹介している。	

2年　説明文教材　45

並行読書を生かした第7時の展開例

1 本時の目標　1年生に紹介したい一押しの虫の本について、初めてわかったことや驚いたことを中心に「読んでみてねカード」に書くことができる。

2 本時の評価規準　一押しの虫の本について1年生に読んでもらえるように工夫して「読んでみてねカード」を書いている。

3 本時の展開

	○学習内容・予想される子どもの反応	◎指導内容 ※留意点 ☆評価
導入	○本時のめあてと学習方法を確認する。	◎「読んでみてねカード」を書く目的と内容を確認する。
	一おしおすすめ虫の本を1年生にしょうかいする「読んでみてねカード」をかこう！	
展開	○学級文庫や図書館で読んだ虫の本から1年生に一押しのおすすめ本について「読んでみてねカード」を書く。 「読んでみてねカード」に書くこと ①本の題名 ②本を書いた人 ③こんなことかいてあったよ（一番心に残ったところ、伝えたいこと） ④すごい！ふしぎ！びっくり！した（感動したことや不思議に思ったこと） ○書き上げたカードを交換して読み合い、よいところを伝え合う。	◎「読んでみてねカード」に書く項目と書き方を指導する。 ＊「すみれとあり」で書いたことを想起させ、今度は自分が選んだ一押しの本に当てはめて書くように促す。 ＊教師が作成した「読んでみてねカード」のモデルを示し、書き方を指導する。 ☆最も伝えたいところや一番心に残ったこと、「ふしぎ！びっくり！」したことを明確にして、1年生にわかりやすい「読んでみてねカード」を作成している。 ◎すごい！と感じたことが伝わる、字を丁寧に書いている等友達のカードのよさに気づかせる。
終末	○完成した「読んでみてねカード」を全員の前で発表する。	＊机間指導の際に、全員に紹介したい「読んでみてねカード」を作成した子どもを選び、発表させる。 ＊発表させる子どもには、実際に1年生におすすめ本を紹介するように促す ＊聞いている子どもたちには、発表者のカードのどこがよかったか発言させる。

46

4 板書例

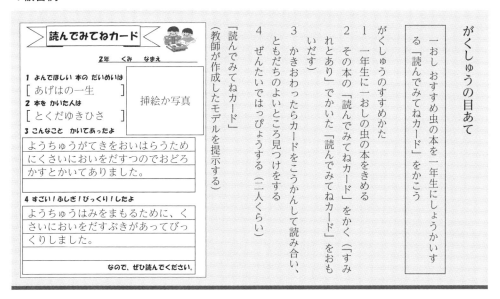

5 児童作品

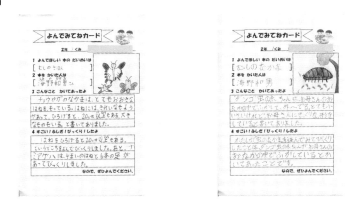

その他のねらいに応じた並行読書図書リスト

● ありに限定して一押しありの本を１年生に紹介する場合

書名 『アリからみると（かがくのとも傑作集）』『アリの世界（科学のアルバム）』『ファーブルこんちゅう記 アリ』等

指導のヒント 「すみれとあり」を学習し、子どもたちはありがえさをもらう代わりにすみれの種を運んでいることを知った。もっとありの生態について知りたいという子どもがいると思われるので、ありに関する絵本や図鑑を読み、おすすめありの本を１年生に知らせる単元構成とする。

書名 『新版かまきり おおかまきりの一生』『新版かぶとむし かぶとむしの一生』等

指導のヒント 虫全般の絵本や図鑑から虫の一生（虫の変態）について調べ、完全変態の虫と不完全変態の虫がいることや、卵からさなぎ、成虫へと姿を変えて成長する虫の不思議や驚きを一押し虫の一生おすすめ本について「読んでみてねカード」を書き、１年生に紹介する。

2年 ┊ 伝統的な言語文化や詩歌

単元名 むかし話のお気に入り場面をしょうかいしよう

中心学習材 「三まいのおふだ」（光村図書） 【全7時間】
（教科書教材）

並行読書のねらい

○昔話のおもしろさを見つけながら読んだり、読み聞かせを楽しんだり
　する読書活動

> 「三枚のおふだ」（教科書教材）と自分が選んだ昔話を読んだり、読み聞かせを聞
> いたりすることで昔話独特の言い回しや話の展開のおもしろさに気付き、お気に
> 入りの場面をカードで紹介する。

　教科書教材「三枚のおふだ」と共に、並行読書で昔話を読んだり読み聞かせを聞いたり
し、昔話には特有のおもしろさがあることに気づくことができる活動である。

　「三枚のおふだ」では、読み聞かせを聞いた後、お気に入りの場面を紹介し合い、なぜ
それがおもしろいのか話し合う。三枚のお札を使う中で展開される繰り返しのある文章構
成や、悪役であるやまんばや、とんちを利かせた和尚さんの行動、昔話独特の語り口調や
言い回しなど、昔話のおもしろさについて学級全体で確認する。

　その後、自分の選んだ昔話の中からもお気に入り場面を見つけ、「昔話紹介カード」を
書いて紹介し合う。選んだ昔話について、子どもが自分の力でカードにまとめることがで
きるよう、「三枚のおふだ」でカードの書き方を学習する。

並行読書を生かした活動

1．昔話紹介カードの取り組み

①「三枚のおふだ」の読み聞かせを聞く。

②好きな場面を発表し合い、なぜそこが好きなのか話し合う。

③「あらすじ」「登場人物」「好きな場面」の3つをカードにまとめる。

> ※①②③と並行し、学級に昔話の絵本を置いておき、自由に読めるようにしておく。
> ※国語の授業の初めなどに、昔話の読み聞かせを行う。
> ※並行読書のリストをカードに一覧にしておき、読んだ本や読み聞かせを聞いた本の
> 　おすすめ度を◎○△で記録しておく。

④自分で選んだ昔話を、「三枚のおふだ」で学習したものと同じカードで紹介する。

⑤紹介された昔話を読み、感想を伝え合う。

2．昔話の読み聞かせ

　昔話には、独特の語り口調や言い回しが多い。そこで、読み聞かせを行い、昔話を楽し
んで聞く場面を多く取り入れた。「自分が知っている昔話との違いを見つけながら聞く」
という活動も取り入れるようにした。

並行読書図書リスト

- 書名 **ももたろう**
- 著者 松井直・文
- 出版社 福音館書店
- 出版年 1965年
- 本単元での扱い 様子を表す言葉や会話文の中に、昔話独特の語り口調や言い回しが多く、読み聞かせを通してそのような表現に親しむことができる作品。

　だれもが知っている有名な昔話のため、低学年の子どもでも自力で読みやすい。

- 書名 **かにむかし**
- 著者 木下順二・文
- 出版社 岩波書店
- 出版年 1959年
- 本単元での扱い 子がにたちが「きびだんご」を他の登場人物にあげて仲間を作る場面が出てくる。『ももたろう』で「きびだんご」をもらって動物たちがお供になる場面と結び付けることができた。

　繰り返しも多く、親しみやすい昔話。

- 書名 **しっぺいたろう**
- 著者 松谷みよこ・文
- 出版社 フレーベル館
- 出版年 1988年
- 本単元での扱い あまりなじみがない昔話のため、新鮮さをもって読んだり聞いたりすることができる。

　同じ「たろう」がつく本を一緒に紹介した。(『ちからたろう』『三年ねたろう』など)「しっぺいたろう」だけが犬なので、子どもはとても驚いていた。

- 書名 **へっこきあねさがよめにきて**
- 著者 大川悦生・文
- 出版社 ポプラ社
- 出版年 1972年
- 本単元での扱い よめにきたあねさが大きな屁をこく場面が繰り返し出てくる。昔話特有の語り口調や言い回しも多い。

　大きな屁が巻き起こすことのスケールが大きく、お気に入りの場面を見つけやすい。

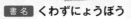

- 書名 **くわずにょうぼう**
- 著者 稲田和子・再話
- 出版社 福音館書店
- 出版年 1980年
- 本単元での扱い おにばばの出てくる作品である。「三枚のおふだ」にでてきたやまんばと同じような悪役の出てくる作品である。

　昔話らしい表現が多く、絵も迫力があり、読み聞かせに適している。

- その他、書名やテーマ
  ・『いっすんぼうし』
  ・『つるのおんがえし』
  ・『こぶとり』
  ・『きんたろう』
  ・『したきりすずめ』など

　有名な昔話のため、自分の知っている話と比べながら読むよう視点を与えると、お気に入りの場面を見つけやすい。

　出版社の違うものが数冊出ているので、指導内容に合わせ選書するとよい。

2年　伝統的な言語文化や詩歌

単元について

単元のねらいと概要

　　昔話の絵本を読んだり、読み聞かせを聞いたりしながら、話の展開や登場人物、独特の言い回しなど昔話の面白さに気づき、それを友達に紹介する。

単元の目標

○読み聞かせを聞いたり、友達の紹介を聞いたりし、進んで昔話を読むことができる。（関心・意欲・態度）
○登場人物の行動や情景を想像しながら、想像を広げながら読むことができる。（読むこと）
○あらすじや登場人物、お気に入りの場面とその理由を紹介カードに書くことができる。（書くこと）

言語活動

1. 「三まいのおふだ」を読み、「むかし話しょうかいカード」の書き方を知る。
   ・読み聞かせを聞き、内容の大体をつかむ。
   ・もう一度お話を読み、お気に入りの場面を紹介し合う。
   ・登場人物（やまんば、和尚、小僧）や、独特の言い回し、繰り返しのおもしろさについて話し合う。
   ・「むかし話しょうかいカード」の書き方を知る。
   ・「あらすじ」、「登場人物」をカードに書く。「お気に入りの場面」を決め、理由と共にカードに書く。
   ・書いたものを交流する。
2. 昔話を読み、「むかし話しょうかいカード」を書く。
   ・自分で本を選んで読んだり、昔話の読み聞かせを聞いたりし、おすすめ度をカードに記録する。
   ・お気に入りの１冊を決める。
   ・「あらすじ」「登場人物」「お気に入りの場面とその理由」をカードに書く。
3. 「むかし話しょうかいカード」を読み合う。
   ・同じ本を選んだ友達同士で交流し、よいところや感想を伝え合う。
   ・違う本を選んだ友達に、お気に入りの場面を紹介する。
4. 紹介された絵本を読み、感想を伝え合う。
   ・紹介された絵本を読む。
   ・自分がおもしろいと思ったところをカードに書いて伝える。

単 元 計 画

次	学習活動	指導内容☆評価	並行読書活動
一次（1〜3時）	①「三枚のおふだ」を読み、「紹介カード」の書き方を知る。 ・読み聞かせを聞き、内容の大体をつかむ。 ・もう一度お話を読み、お気に入りの場面を紹介し合う。 ・登場人物（やまんば、和尚、小僧）や、独特の言い回し、繰り返しのおもしろさについて話し合う。 ・「昔話紹介カード」の書き方を知る。 ・「あらすじ」、「登場人物」をカードに書く。「お気に入りの場面」を決め、理由と共にカードに書く。 ・書いたものを交流する。	☆登場人物や出来事、独特の言い回しや物語の構成など、昔話のおもしろさに気づいている。 ☆「三枚のおふだ」の面白いと思ったところをカードに書いて紹介している。 ・二次に向けて、いろいろな昔話の読み聞かせを行う。 ・「昔話コーナー」を作り、自由に昔話を手に取って読めるようにする。 ・昔話をカードに一覧にしておき、簡単な感想とおすすめ度を◎○△で記録できるようにしておく。	・「三まいのおふだ」（教科書教材）の読み聞かせを聞き、お気に入りの場面をみつける。 ・他の昔話を読み、感想とおすすめ度を記録する。紹介したい本を決める。
二次（4〜5時）	②昔話を読み「昔話紹介カード」を書く。 ・自分で本を選んで読んだり、昔話の読み聞かせを聞いたりし、おすすめ度をカードに記録する。 ・お気に入りの1冊を決める。 ・「あらすじ」「登場人物」「好きな場面とその理由」をカードに書く。	・作品選びをするよう助言しておく。 ☆昔話の面白さを見つけ、カードに書いている。	・自分が選んだ昔話を使って、紹介カードを書く。
三次（6時）	③「昔話紹介カード」を読み合う。 ・同じ本を選んだ友達同士で交流し、よいところや感想を伝え合う。 ・違う本を選んだ友達に、お気に入りの場面を紹介する。	☆自分が選んだお気に入りの場面をカードを使って紹介している。	・カードと自分が選んだ絵本を使い、お気に入りの場面を紹介する。 ・友達の昔話の紹介を聞く。
四次（7時）	④紹介された昔話の絵本を読み、感想を伝え合う。 ・紹介された絵本を読む。 ・自分がおもしろいと思ったところをカードに書いて伝える。	☆紹介された昔話を読み、面白いところを見つけ、感想を伝えている。	・友達が選んだ昔話を読む。

2年　伝統的な言語文化や詩歌　51

並行読書を生かした第2時の展開例

1 本時の目標　登場人物（山んば、和尚、小僧）や、独特の言い回し、繰り返しのおもしろさに気づき、お気に入り場面を紹介できる。

2 本時の評価規準　「三枚のおふだ」の昔話の中から、お気に入り場面を見つけ、選んだ理由と共にカードに書いている。

3 本時の展開

	○学習内容・予想される子どもの反応	◎指導内容 ※留意点 ☆評価
導入	○前時の振り返りをする。 **「前回、どんな昔話を学習しましたか」** ・「三枚のおふだ」を読んでもらった。 ・山んば、和尚さん、小僧が出てきた。	◎登場人物、大まかなあらすじを確認する。
展開	○自分で「三枚のおふだ」を読んで、「お気に入りの場面」を見つける。 **「自分でお話を読みながら、お気に入りの場面を見つけましょう。見つけたら付箋をはり、理由を書きましょう。」** ○「お気に入りの場面」を発表する。 **「お気に入りの場面はありましたか。理由も説明しましょう。」** ・おふだが小僧の声をまねしたり、大川や砂山になったりして、小僧をたすけるところ。不思議なお札で、使ってみたいと思ったから。 ・和尚さんが山んばを豆粒にして食べたところ。頭がいいと思ったから。 ・「まだでるうんこ、さいづちごろしょ。」がおもしろい。意味はわからないけど、なんだか楽しい言い方だから。 ○お気に入りの場面を理由と共に紹介カードに書く。 **「お気に入りの場面と選んだ理由をカードに書きましょう。」**	※自分で読むのが難しい子どもには、前時の読み聞かせと教科書の挿絵ももとに考えるよう助言する。 ◎お気に入りの場面に付箋を貼り、付箋内に理由を書くよう指示する。 ◎「誰が何をする場面」「○○という言い方（表現）」の2つの視点を与える。 ※発表されたものを「不思議な道具」「繰り返し」「登場人物(悪役)」「とんち・知恵比べ」「表現」などに分けて板書する。 ☆「お気に入りの場面」を理由と共にカードに書いている。 （評価方法：カード） ※1時間目に紹介した教師の作った見本を提示し、子どもたちが作る際の参考になるようにする。
終末	○次時の予告をする。 **「次回、カードを読み合ったり、昔話の読み聞かせを楽しんだりしましょう。」**	◎並行読書の昔話も、おもしろさを探しながら読んでおくよう声をかける。

52

4 板書例

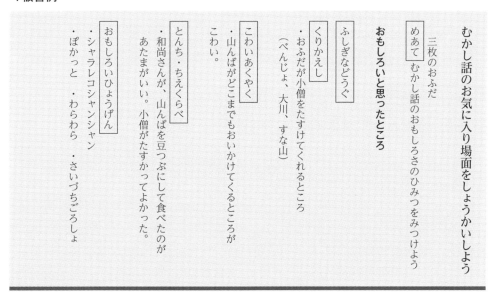

むかし話のお気に入り場面をしょうかいしよう

めあて　三枚のおふだ
　　　　むかし話のおもしろさのひみつをみつけよう

おもしろいと思ったところ

ふしぎなどうぐ
　くりかえし
　・おふだが小僧をたすけてくれるところ
　　（べんじょ、大川、すな山）

こわいあくやく
　・山んばがどこまでもおいかけてくるところがこわい。

とんち・ちえくらべ
　・和尚さんが、山んばを豆つぶにして食べたのがあたまがいい。小僧がたすかってよかった。

おもしろいひょうげん
　・シャラレコシャンシャン
　・ぽかっと　・わらわら　・さいづちごろしょ

5 児童作品

閉じたところ（表紙）

あらすじと題名

作品を開いたところ

好きな場面と理由、絵　　登場人物

※友達にもらった感想のカードは、裏に貼るようにした。

その他のねらいに応じた並行読書図書リスト

●昔話の読み比べをする場合
書名　『もものこたろう』『ねずみのすもう』
指導のヒント　『もものこたろう』は『ももたろう』と比べながら、『ねずみのすもう』は、同じ題名で何冊も出版されているので、違いを比べたり、読みの力に合わせた本を選んだりしながら読める。

●世界の昔話の紹介をする場合
書名　『おだんごぱん』『おおかみと七ひきのこやぎ』など
指導のヒント　日本の昔話を学習した後の発展として。「繰り返し」や「悪役」など、視点を与える。

3年　文学教材

単元名 おにってなんだ!?

中心学習材
（教科書教材）「おにたのぼうし」（教育出版）　　　　　【全10時間】

並行読書のねらい

○対比しながら読む読書活動

> 鬼に関する本を並行して読んでいくことで、鬼に対しての見方や考え方が変容・深化していく。

　あまんきみこさんの「おにたのぼうし」には、おにたという鬼の子が登場する。人間とのつながりに希望をもちながらもついに人間とわかりあえなかったおにた。そのおにたとはおよそ正反対の鬼が登場する絵本「ちびっこちびおに」をあまんきみこさんは書いている。

　二人の鬼の像、そして二人の人との関わり方を比べながら読んでいくことで、読み手にとっての鬼のイメージ、そして鬼と人との関わりについて深く追究していくことができる。

並行読書を生かした活動

１．**これまでの鬼のイメージを振り返る。**

　①鬼について知っていることを出し合う。

　②鬼についてのお話を出し合い、あらすじを確認する。

　③自分が鬼についてどう思ってきたか書く。

　※昔話を読み聞かせしてもよい。

２．**「おにたのぼうし」を読む。**

　①おにたと人との関わりについて読む。

　②おにたという鬼について自分の考えを書く。

３．**「ちびっこちびおに」を読む。**

　①ちびおにと人との関わりについて読む。

　②ちびおにという鬼について自分の考えを書く。

　※おにが出てくる他の本を読み聞かせしてもよい。

４．**自分が鬼についてどう思うようになったか書く。**

　①おにに対しての見方や考え方の変容・深化を書く。

　②書いたものを発表して、交流する。

　※節分など行事も含めて考えさせてもよい。

並行読書図書リスト

書名 ちびっこちびおに
著者 あまんきみこ
出版社 偕成社
出版年 1975年
本単元での扱い おにたと比較しながら読んでいくと、あまんきみこさんが鬼を、鬼と人との関わりを、どのように描きたかったのか浮かび上がってくる。

書名 鬼が出た
（たくさんのふしぎ傑作集）
著者 大西広
出版社 福音館書店
出版年 1989年
本単元での扱い 鬼自身に着目していくことができる本。鬼がどのような文化の中で生まれてきたのかが読み取れる。鬼についての知識を広げることができる。

書名 おなかのなかにおにがいる
著者 小沢 孝子
出版社 ひさかたチャイルド
出版年 1982年
本単元での扱い 「おにたのぼうし」と同じように、この本でも節分の日に豆をまいて、おなかの鬼を追い出そうとする。節分で鬼を追い出すという風習に焦点を当てる並行読書ができる。

書名 ソメコとオニ
著者 斎藤隆介
出版社 岩崎書店
出版年 1987年
本単元での扱い ソメ子は鬼を怖がらない。怖がるどころか、鬼に突き返されてしまうほどのおてんばである。ソメ子の鬼との関わり方も比較の対象となりやすい。

書名 おにのここづな
著者 さねとうあきら
出版社 教育画劇
出版年 2000年
本単元での扱い 鬼と人間との間に生まれたこづな。こづなは人の世界で生きていくことができるのか。鬼と人間との乖離を突きつけるている。鬼とどう関わっていくのか一つの視点となる。

その他、書名やテーマ
・『鬼が出た』（大西広）
・『泣いた赤鬼』（浜田広介）
・『島ひき鬼』（山下明生）
・『オニの生活図鑑』（ヒサクニヒコ）
・『手袋を買いに』（新美南吉）

単元について

単元のねらいと概要

　子どもたちにとって鬼とはどんな存在だろうか。「こわい。」「悪いやつだ。」そんなふうに一方的に思っている子も少なくないだろう。「～すると鬼が来るよ。」そんな言葉で、不安に思った子もいるのではないだろうか。本単元で、作品に登場する鬼、または鬼と人との関係を読み深めていく中で、自分がこれまで描いてきた鬼のイメージに変化が生まれてくるだろう。自分がもつ概念が並行読書によって変化していくことをねらう単元である。

単元の目標

○鬼や、鬼と人との関わりについて興味をもつことができる。（関心・意欲・態度）
○複数の本や文章を比べて読み、鬼や、鬼と人との関わりについて考えることができる。（読むこと）
○鬼についての見方や、鬼と人との関わりについて考えを表現することができる。（書くこと）

言語活動

1．「鬼」「鬼と人との関わり」について考える。
　・自分がこれまで抱いてきた鬼について考える。
　・鬼が使われる言葉や鬼が登場する絵本を想起する。

2．「おにたのぼうし」を読む。
　・おにたの心情を読み取る。
　・おにたと男の子、おにたと女の子の関係を読み取る。
　・おにたという鬼について考える。

3．「ちびっこちびおに」を読む。
　・内容を把握する。
　・おにたの人との関わり方、ちびおにの人との関わり方に着目する。
　・2つの作品に出てくる鬼について比べる。

4．「おにってなんだ！？」（「鬼」「鬼と人との関わり」について見つめ直す。）
　・鬼が登場するその他の作品も読み、参考にする。
　・「鬼」「鬼と人との関わり」について自分の考えをまとめて表現する。

単 元 計 画

次	学習活動	指導内容☆評価	並行読書活動	補充と発展
一次（1時）	①「鬼」「鬼と人との関わり」について考える。 ・自分がこれまで抱いてきた鬼を考える。 ・鬼が使われる言葉や鬼が登場する絵本を想起する。	・ことわざや絵本を想起させる。 ・自分の考えをノートにまとめさせる。 ★鬼についての自分の思いを書こうとしている。		・思いつかない場合には、「泣いた赤鬼」「桃太郎」「一寸法師」などを読み聞かせる。
二次（2〜6時）	②「おにたのぼうし」を読む。 ・おにたの心情を読み取る。 ・おにたと男の子、おにたと女の子の関係を読み取る。 ・おにたという鬼について考える。	・おにたの言動・心情について考えさせる。 ・おにたと人間との関わりについて考えさせる。 ☆おにたについて自分の考えを書こうとしている。	・おにたのぼうし	
三次（7〜8時）	③「ちびっこちびおに」を読む。 ・内容を把握する。 ・2つの作品に登場する鬼を比べる。	・あらすじをつかみ、おにたのぼうしとの展開の違いに着目させる。 ・おにたとちびおにを比較する。 ☆2人の鬼を比べて自分の考えを書いている。	・ちびっこちびおに ・おにたのぼうし	・おにのこづなを読んで、さらに比較対象を増やしてもよい。
四次（9〜10時）	④「おにってなんだ！？」（「鬼」「鬼と人との関わり」について見つめ直す。） ・鬼、鬼と人との関わりについて自分の考えを書く。 ・考えを発表する。	・二人の鬼を比べながら、鬼について自分なりにまとめさせる。 ・まとめた意見を話し合わせる。 ☆鬼についての自分の思いを書いている。	・おにたのぼうし ・ちびっこちびおに ・自分が選んだ作品	・「鬼の生活図鑑」「鬼が出た」など、一般的に知られている鬼と比べてもよい。 ・「おにのこづな」の鬼と比べてもよい。

3年 文学教材 57

並行読書を活かした第7時の展開例

1 本時の目標　　2人の鬼を比べて、鬼について自分の考えを書くことができる。
2 本時の評価規準　2つの作品を照らし合わせ、鬼について自分の考えを書いている。
3 本時の展開

	○学習内容・予想される子どもの反応	◎指導内容 ※留意点 ☆評価
導入	○前時までの振り返りをする。 ○「ちびっこちびおに」の存在を知る。 ・あまんきみこさんは他にも鬼の本を書いていたんだ。 ・どんな本だろう。	◎おにたはどんな鬼であったのか想起させる。 ※あまんきみこさんが「おにたのぼうし」の後に書いた作品であることを伝え、題名と表紙だけを紹介する。
展開	○「ちびっこちびおに」を読む。 ・ちびおには、人間と仲良くなっちゃったよ。 ・おにたとずいぶん違うなあ。 ・あまんさんはどうしてこの作品を書いたんだろう。 ○2つの作品を照らし合わせながら、「ちびっこちびおに」の鬼について考える。 ・小さい子なら鬼というものを怖がらないから仲良くできる。 ・鬼が怖いという気持ちは大人になって勝手に作られていくもの。 ・作者はおにと人間との関係がよくなることに希望を持ちたかった。 ○自分の考えをもとに話し合う。	◎ちびおにの心情を読み取らせる。 ◎「おにたのぼうし」と「ちびっこちびおに」の内容を比較、類似の点を見つけさせる。 ※作者が2つの作品を書いた思いについて考えさせてもよい。
終末	○2つの作品を照らし合わせ、鬼について自分の考えを書く。	※2つの作品は、人との関わり方が異なるが鬼または鬼と人との関わりについて考えさせる作品であることに気づかせる。 ☆おにたのぼうしと照らし合わせることで、より深く鬼について考えている。

4 板書例

二つの作品を比べてみよう。

おにたのぼうし
- 人間との関わりを絶った。
- 最後まで女の子に尽くした。
- 最後まで人間とわかり合うことができなかった。
- 最後まで自分が鬼であることを明かせなかった。

ちびっこちびおに
- ちびおににつて
- 母親は人間と仲良くなることを反対
- ちびおには自分が鬼であることを明かしてしまう。
- 人間と仲良くなって帰って行った。
- 小さい子どもだと鬼と人間は仲良くできる。

二つの作品の鬼について自分の考えを書こう。

5 児童作品

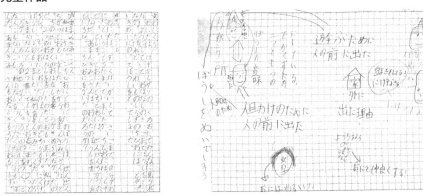

その他のねらいに応じた並行読書図書リスト

● 同じ作品テーマで読む場合

書名 『おにのここづな』

指導のヒント 鬼と人間は本当にわかり合えないのか。こづなは鬼と人間の子。二つの世界を行き来する存在である。こづなと同化して読んだとき、鬼を定義づけた人間の浅ましさ、鬼と定義づけられた者の切なさを感じていくだろう。自分事となったときに、作り上げられた概念を打ち破る勇気や困難さを考えさせたい。

● あまんきみこ作品との読み比べ

書名 『ソメ子と鬼』

指導のヒント ソメ子は最後まで鬼を怖がらない人間である。では、なぜソメ子は鬼と仲良くできたのか。鬼と人間の関係について考えさせる作品である。

| 3年 | 説明文教材 |

単元名 説明の仕方を考えよう

中心学習材
（教科書教材）「すがたをかえる大豆」（光村図書）　　　　　【全16時間】

並行読書のねらい

○大豆についての知識をより広げるための読書活動

> 「すがたをかえる大豆」（教科書教材）と大豆に関連した図書を並行して読むことで、教材文に書かれている内容をより深く理解したり、教材文には書かれていない新たな知識を得たりして、大豆のことを探求しようとする意欲を高める。

　教科書教材「すがたをかえる大豆」では、私たちが毎日の食事でよく食べているものとして、大豆が挙げられている。昔から手を加えておいしく食べる工夫をしてきたことや、その結果、大豆がいろいろな食品に姿を変えていることが書かれている。そして、粉に挽いて食べるきな粉、目に見えない小さな生物の力を借りて違う食品にする納豆・味噌・醤油などに分類して、工夫ごとに食品が紹介されている。また、大豆がたくさんの栄養を含んでいることなども説明されている。教材文を読むことで、大豆を原料にした食品についての工夫を知ることができる。

　しかし、「味噌や醤油は、どうやって作るのだろう。」「大豆はたくさんの栄養を含んでいるというが、どんな栄養なのか。」といった新たな疑問も、たくさん湧いてくる。新たな疑問や、教材文に書いてあったことをもっと詳しく知りたいという子どもの思いを、並行読書に向けていく。例えば味噌や醤油の本を開くと、作る工程が写真や絵を使って詳しく説明してある。また他の本には、大豆はタンパク質を豊富に含むと記されている。このように、教材文の学習と並行して大豆に関連した本を読むことで、学習内容をより深く理解したり、新たな知識を得たりすることができる。大豆について「もっと知りたい」という探求への意欲を高め、単元の終末に、大豆新聞の記事を書く活動を行う。

並行読書を生かした活動

大豆新聞の記事を書いて、発表する取り組み

① 並行読書を通して、いろいろな大豆の本を読む。

② 自分が詳しく調べてみたいテーマを絞る。（例：味噌・醤油・豆腐・納豆など）

③ 同じテーマを選んだ子供がグループになって、テーマについて本で詳しく調べる。

④ 記事にしたいことを話し合い、分担を決めて記事の下書きを書く。
　　（味噌グループの例：歴史、作り方、種類、味噌を使った料理など）

⑤ 新聞記事の特徴を知り、下書きをもとに書き加える。

⑥ 絵や図を加えて清書する。

⑦ 清書した記事を模造紙に貼って、壁新聞をつくり、発表会をする。

並行読書図書リスト

書名 大豆まるごと図鑑
　　　すがたをかえる大豆
監修者 国分牧衛
出版社 金の星社
出版年 2014年
本単元での扱い 教科書教材を書いた国分牧衛氏が監修した図鑑で、教材文と合った内容となっている。大豆の種類や育て方、歴史、栄養をはじめ、大豆から作られる食品など大豆全般について詳しく説明しているので、調べるのに最適である。

書名 調べてみよう
　　　私たちの食べ物⑦
　　　だいず
監修者 板倉聖宣
出版社 小峰書店
出版年 1999年
本単元での扱い 監修者の板倉聖宣氏は、科学者で子供向きの本も多数執筆している。国分氏監修の「大豆まるごと図鑑」同様、大豆全般について詳しく説明しているので、調べるのにたいへん役立つ本である。

書名 すがたをかえる豆
　　　身近な食べ物のひみつ②
監修者 幕内秀夫／神みよ子
出版社 学研教育出版
出版年 2006年
本単元での扱い 子どもたちにわかりやすく食べ物の秘密を紹介しているシリーズの中の1冊である。楽しく読んだり、調べたりするのに適している。興味や関心を高めるためにも活用したい。

書名 「食」で総合学習みんなで調べて作って食べよう！第3巻　みそ・しょうゆ
監修 和光学園和光鶴川小学校
著者 松本美和　出版社 金の星社
出版年 2001年
本単元での扱い 総合学習向けであるが、「実際に作って食べる」ことを中心に、写真やイラストを使って子どもが関心をもって読めるよう工夫されている。

書名 つくってあそぼう
　　　3　みその絵本
編 今井誠一
出版社 農山漁村文化協会
出版年 2004年
本単元での扱い
　長年にわたり、食品の加工技術を研究してきた今井誠一氏が、その豊富な知識と経験を生かして子供向けにわかりやすく書いた絵本である。味噌をテーマにして調べるときに活用させたい。

その他、書名やテーマ
『「食」で総合学習
　みんなで調べて作って食べよう！
　第4巻　豆腐・味噌』
『すがたをかえるたべものしゃしんえほんシリーズ』
　第1巻　とうふができるまで
　第2巻　みそができるまで
『つくってあそぼう　2
　なっとうの絵本』

単元について

単元のねらいと概要

　本単元では、中心になる語や文をとらえ、段落相互の関係を考えながら、文章の内容を的確に読み取ることをねらいとしている。また内容を大きくまとめたり、必要なところは細かい点に注意したりしながら読むこともめざしている。そして本単元の最後に、大豆について各自がテーマを決めて本から調べ、新聞記事を書いて発表する活動を設定した。読む力と併せて、調べたことを相手にわかりやすく文章に書いたり、説明したりする力も育てていきたい。

単元の目標

○大豆について、関心をもって読んだり書いたりしようとしている。（関心・意欲・態度）
○文章全体の組み立て（「はじめ・中・終わり」）や段落相互の関係に着目したり、中心になる語や文に気を付けたりしながら、内容をとらえて読むことができる。（読むこと）
○大豆を使った食べ物などについて本から調べ、新聞記事を書くことができる。（書くこと）
○書いた新聞記事を、わかりやすく説明することができる。（話すこと・聞くこと）

言語活動

1. 「すがたをかえる大豆」を読む。
   ・「はじめ・中・終わり」で説明されていることを整理しながら、文章全体の組み立てを考える。
   ・段落の順序や中心になる文を確かめながら、内容を読み取る。

2. 大豆について、テーマを決めて調べ、新聞記事を書く。
   ・同じテーマの子どもが集まってグループを作り、本から調べる。
   ・グループで、新聞の記事にしたいことを話し合う。
   ・分担して記事の下書きを書く。
   ・下書きを手直しし、清書する。
   ・グループの記事を集めて、壁新聞を作る。

3. 壁新聞の発表会をする。
   ・ポスターセッション形式で発表するための準備や練習をする。
   ・グループの中で互いに発表を聞き合い、アドバイスをする。
   ・壁新聞の発表会をする。

単 元 計 画

次	学習活動	指導内容☆評価	並行読書活動
一次（1時）	①大豆について書いた本のブックトークを聞く。 ②「すがたをかえる大豆」を読み、学習課題を設定し、学習の見通しをもつ。	・準備した本から5～6冊を紹介する。 ・単元の最後に、大豆について調べて新聞記事を書くことを予告する。	・大豆について書いた本（約50冊を教室に準備）
二次（2～7時）	③「すがたをかえる大豆」を読む。 ・「はじめ・中・終わり」で説明されていることを整理しながら、文章全体の組み立てを考える。 ・段落の順序や中心になる文を確かめながら読む。 ・各段落に書かれていることをワークシートにまとめる。	・まず「はじめ」「おわり」の部分の大まかな内容と役割をとらえさせる。 ・「中」の部分で説明されている大まかな内容をとらえさせる。 ・中心になる文や重要な言葉に線を引きながら読ませる。 ☆各段落の内容を正しく読み取っている。	・大豆について書いた本（約50冊を教室に準備）
三次（8～14時）	④大豆について、テーマを決めて調べ、新聞記事を書く。 ・グループごとに、テーマに沿って本から調べる。 ・グループで、新聞の記事にしたいことを話し合う。 ・分担して記事の下書きを書く。 ・下書きを手直しし、清書する。 ・グループの記事を集めて、壁新聞を作る。	・同じテーマの子どもが集まってグループを作り、壁新聞を作るようにする。 ・新聞や新聞記事の特徴を理解させ、見出しや文章を工夫させる。絵や図を加えさせる。 ☆わかりやすく新聞記事を書いている。	・自分が選んだテーマの本を参考にする
四次（15～16時）	⑤壁新聞の発表会をする。 ・ポスターセッション形式で発表するための準備や練習をする。 ・聞き手を意識して、話し方を工夫する。 ・壁新聞の発表会をする。	・グループの中で互いに発表を聞き合い、よりよい発表になるように助言させる。 ・1グループ3分程度で発表させる。 ☆わかりやすく説明している。	・自分が選んだテーマの本を参考にする

3年 説明文教材 63

並行読書を生かした第12時の展開例

1 本時の目標 　大豆について、それぞれのテーマにもとづいて調べたことを新聞記事に書くことができる。

2 本時の評価規準 　新聞記事の特徴を理解して、大豆についての新聞記事を書いている。

3 本時の展開

	○学習内容・予想される子どもの反応	◎指導内容 ※留意点 ☆評価
導入	○前時までに書いた記事の下書きを読み直す。	◎それぞれのテーマにもとづいて、調べたことを記事の下書きに書いているか確認する。
展開	**大豆についての新聞記事を書こう** ○新聞の目的について考える。 ・多くの人に知らせたり、読んでもらったりするためのもの。 ○新聞記事の特徴を知る。 ①見出しをつける。 　「納豆パワーについて」と「すごいぞ！納豆パワー」の２つの見出しを比べてどちらが読みたくなるかを考える。 ・「すごいぞ！納豆パワー」の方が、読みたくなる。 ②読者に呼びかける文章を入れる。 　例：豆腐は、どのようにして作られるか知っていますか。 ・記事に答えたくなる。 ・知らないと、続きが読みたくなる。 ③絵や図を入れる。 ・文章だけだとわかりにくいけれど、写真や絵や図が入っているとよくわかる。 ○自分の記事の下書きに、見出しや読者に呼びかける文を書き加える。 ○絵や図を１、２枚入れる。	◎新聞の目的について理解させ、そのために、読む人によくわかるように書くことが大切であることに気づかせる。 ※実際の新聞記事を見せて、見出しに着目させる。 ◎見出しとは、記事の内容が一目でわかるように初めに簡単に書いて示したもの。読者が、読みたいと思うような見出しを工夫することを理解させる。 ◎呼びかける文章があると、読者が親しみをもつことに気づかせる。 ※実際の新聞記事を見せて、写真や地図などが入っていることに気づかせる。 ※絵や図を書くカードを用意し、必要な枚数を渡す。清書したときに、記事の中に貼らせるようにする。
終末	○書き加えた新聞記事の下書きを読み直す。 ○次時の予定を知る。 　画用紙１枚に清書する。絵や図も、清書の中に貼り付ける。	◎次時の予定を知らせる。 ☆新聞記事の特徴を理解して、下書きに必要な事柄を書き加えて書いている。

4 板書例

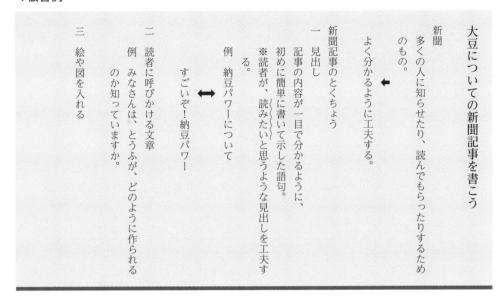

5 児童作品（味噌を調べたグループの一人が書いた記事）

たくさんあるよ、みそのしゅるい

みなさんは、どんなみそを食べていますか。

みそには、実に多くのしゅるいがあります。そして、日本全国で、その土地の気こうや風土を生かして、おいしいみそが作られています。

みそは、米こうじを使った米みそ、麦こうじを使った麦みそ、豆こうじを使った豆みその三種類に分けられます。そして、味も、甘口と辛口に分けられています。

三しゅるいのみその中から、それぞれ代表して一つをしょうかいします。

はじめに、麦みそです。

瀬戸内みそは、甘口です。えひめ県、広島県、山口県などで食べられています。

次に、米みそです。

信州みそは、辛口です。全国の生産量の三割をしめています。軽いあまみとかおりが人気のみそです。

最後に、豆みそです。

八丁みそは、あいち県、ぎふ県、三重県を中心に作られています。赤だしみそしるに使われます。

このほかにも、日本の各地で、いろいろな味噌が作られ、「ふるさとの味」となっています。

［米みそ・麦みそ 豆みその絵］

その他のねらいに応じた並行読書図書リスト

●同様に「すがたをかえる食べ物」をテーマにして読む場合

書名　『すがたをかえる米・麦』『すがたをかえる野菜・きのこ』『すがたをかえる果実・種実』『すがたをかえる魚・海草』『すがたをかえる肉』『すがたをかえる牛乳・卵』

指導のヒント　『すがたをかえる豆』と同じ『身近な食べもののひみつ』シリーズ（全7巻）の本で、監修者も同じである。本単元で学習した大豆以外にも、姿を変える食べ物があることに目を向けさせ、調べて説明文などを書く活動に活用することができる。

●いろいろな食べ物について書いた本を読む場合

書名　『いわし　おいしくたべる知恵』『サトウキビの絵本』『ポップコーンを作ろうよ』

指導のヒント　身近な食べ物について取り上げ、親しみやすく書かれた絵本である。「おいしそう。食べてみたい。」「自分で作ってみたい。」と、子どもたちの食への興味・関心を高める本である。

3年 ： 伝統的な言語文化や詩歌

単元名 自分の「ことわざ辞典」を作って、紹介し合おう

中心学習材
（教科書教材）　「ことわざについて調べよう」（光村図書）　　　　　【全4時間】

並行読書のねらい

○知りたいことを調べながら読む読書活動

> 立ち止まり型※の並行読書：自分で選んだことわざの意味や使い方を調べて「こ
> とわざ辞典」を作る。それに並行して意味や使い方を確認したり付け加えたりす
> るために参考資料を読む。　　　　　　　　　　　　　　　　　　　※P13参照

　教科書に出てくることわざや普段の生活の中でよく使われることわざをきっかけにして、ことわざに興味をもち自分なりの「ことわざ辞典」を作ることで、語彙を増やし、先人の知恵や言葉の面白さに気づけるようにしていく。

　既製の「ことわざ辞典」などを並行読書資料として活用することで、自分なりの意味のある辞典に仕上げていくことができよう。多種類の既製辞典を読み比べることや、ことわざを使った短い話を読むことによって、自分の「ことわざ辞典」を作る。

並行読書を生かした活動

1．身近なことわざを集め、自分なりの「ことわざ辞典」を作る取り組み

　①教科書を読んで、普段の生活の中で使われていることわざをたくさん集める。

　②集めたことわざについて、その意味や使い方を調べ、工夫してまとめる。

　③②で工夫してまとめたものをもとに、自分なりの「ことわざ辞典」を作る。

　④③で考えた自分の工夫について紹介し合う。（小グループ）

　　よく使うことわざを確認し合い、忘れていたことわざを加える。

　　既製の辞典から工夫のヒントをもらい、意味や使い方を確認する。誤用に気づいたり新しく気づかされたりしたことを自分の辞典に生かして使うようにする。

　　例えば、イラストを使ったり色分けをして見やすくする工夫など。

　⑤自分なりの辞典のレイアウトを工夫して辞典を作る。

　　個人作業（後で紹介し合うことを考えて作る。）

2．自分の「ことわざ辞典」を書き足していく取り組み

　①カードにして書き加えていくようにする。

　　友達同士自分の事典を紹介し合いながら、気づいたことや新たに学んだことを書き加えていく。ことわざに関する資料を並行読書することによって、さらに、詳しくし、使い方の事例をよりよいものにしていく。

　②自分で作った自慢の「ことわざ辞典」について、みんなの前で自慢のもとを中心にした辞典紹介の会を開く。（ことわざの整理の仕方などについて学び合う。）

並行読書図書リスト

- 書名 例解小学ことわざ辞典
- 編者 川嶋優
- 出版社 三省堂
- 出版年 2009年
- 本単元での扱い ことわざや慣用句が3500載っている。それぞれに例文が入っているので使われ方が理解しやすい。意味がわかるだけでなく、勉強の幅が広げられる。

- 書名 ことわざ絵本
- 著者 五味太郎
- 出版社 岩崎書店
- 出版年 2004年
- 本単元での扱い 一つ一つのことわざが易しい解説と絵でわかりやすく書かれている。「たとえば」「それは」「だから」など今の生活との関連にも触れているので、活用の具体として使うことができる。

- 書名 よくわかる ことわざ
- 監修 山口仲美
- 出版社 集英社
- 出版年 2000年
- 本単元での扱い 知っていると役に立つことわざを集めて、おもしろく、わかりやすく解説している。「動物の出てくることわざ」や「人の体に関係のあることわざ」など、全部で12の章に分かれている。意味調べなどに活用しやすい。

- 書名 ことわざ絵本 part-2
- 著者 五味太郎
- 出版社 岩崎書店
- 出版年 2004年
- 本単元での扱い ことわざは、その折々の生活の実感から出てくるものであるとし、著者独自のことわざを披露している。ことわざを身近に感じ、ことわざに対する興味関心を増幅させる読み物の一つになると考える。生活に対する興味づけの材料として活用できる。

- 書名 常識のことわざ探偵団
- 著者 国松俊英
- 出版社 フォア文庫
- 出版年 1994年
- 本単元での扱い 普段の生活の中で使われていることわざについてわかりやすく、読み物として書かれている。ことわざは人間が積み重ねてきた知恵の言葉であることがよくわかる。意欲づけの読み物として活用したい。

- 書名 ことわざ・慣用句おもしろ辞典
- 著者 村山孚
- 出版社 さ・え・ら書房
- 出版年 1999年
- 本単元での扱い 親しみやすいことわざや慣用句の意味や使い方についてわかりやすくおもしろく書いてある。読み物として手元に置き使うことで、言葉を豊かにしたい。

単元について

単元のねらいと概要

　ことわざや慣用句は、日本で長く使われてきた言葉であり、先人の知恵や教訓が込められている。これらを用いて話したり書いたりすることにより、物事を適切に表現することに気づき、自らの語彙を増やすことができる。
　そこで、本単元では３年生を対象にして、ことわざを取り上げ、身近なことわざに関心をもって集め、その意味や使い方を理解し、自分なりの「ことわざ辞典」を作ることを通して、日常生活でも次第に活用していけるようにする。

単元の目標

○ことわざに興味をもち、進んで集めたり使ったりする。（関心・意欲・態度）
○複数のことわざに関する本や辞典を必要に応じて読んで、ことわざの意味や使い方について正確に理解することができる。（読むこと）
○集めたことわざをもとに自分の自慢の「ことわざ辞典」を作ることができる。（書くこと）
○表現したり理解したりするために必要な語彙を増やす。辞典などを利用して調べる方法を理解し、調べる習慣を身につけることができる。（言語についての知識・理解・技能）

言語活動

①「ことわざについて調べよう」を読む
　・ことわざについて理解する。
　・普段の生活の中でよく耳にすることわざを集めて書き出す。
　　（自分の自慢の「ことわざ辞典」を作って紹介し合うという学習の見通しをもつ）

②ことわざに関する辞典などを読む
　・選んだことわざの意味や使い方についてことわざ辞典で調べたり確認したりする。
　・わかりやすい辞典のイメージをつかむ。

③自分の「ことわざ辞典」を作る。
　・工夫してわかりやすいことわざ辞典を書く。
　・できたことわざ辞典を紹介し合う。
　・友達の事典や読んできた辞典などを参考にしてよりよい辞典にしていく。

単 元 計 画

次	学習活動	指導内容☆評価	並行読書活動	補充と発展
一次 （1時）	①ことわざ・慣用句について知っていることを話し合う ・教師の挙げる事例から身近なことわざを考える。 ②教材文を読んで、ことわざの意味や使い方を知る。 ③学習のめあてや計画を立てる。	・普段よく耳にすることわざを発表させる。 ☆ことわざの特徴について理解している。 ・自分なりの「ことわざ辞典」を作るめあてをもたせる。	・ことわざ絵本 ・ことわざ絵本 part-2 ・例解小学ことわざ辞典	
二次 （2 〜 3時）	①自分の「ことわざ辞典」の作り方を知る。 ・身近なことわざを集めてメモする。 ・ページのレイアウトを考えて、選んだことわざの意味や使い方をまとめて書く。 ②自分の辞典の特徴について友達と話し合う。 ・新たに気づかされたことなどを参考に辞典に書き加えをする。	・ことわざの特徴に気づかせる。 ・辞典のレイアウトについて確定させる。 （イラスト入り、用例入り、似た意味、反対の意味） ☆書いたものを読み返してよりよい表記にしている。	・よくわかることわざ ・ことわざ ・慣用句おもしろ辞典	・常識のことわざ探偵団
三次 （4時）	①自分の「ことわざ辞典」のよいところを紹介し合う。 ・書き方の特徴や使い方について紹介し合う。 ・さらに書き加えてよりよいものにしようとする。	・工夫したところを中心にして紹介する。 ☆継続して書き加える意欲を持っている。	・例解小学ことわざ辞典	

3年　伝統的言語文化や詩歌　69

並行読書を生かした第2時の展開例

1 本時の目標 自分の「ことわざ辞典」の作り方を理解し、編集の工夫を考えてことわざを集めたり、意味や使い方を調べたりすることができる。

2 本時の評価規準 既製の辞典などを参考に編集の工夫を考え、ことわざを収集・選択し、意味調べをしている。

3 本時の展開

	○学習内容・予想される子どもの反応	◎指導内容 ※留意点 ☆評価
導入	○前時の振り返りをする。 　普段よく耳にすることわざを発表し合い、自分の「ことわざ辞典」を作ることを知る。 ・教材文から小技の特徴を知る。	※前時で挙げたことわざをメモさせておく。 ◎ことわざの特徴について気づかせ、自分の辞典を作るときの参考にするよう各種の辞典類を紹介する。
展開	○自分の「ことわざ辞典」の編集を考え、ことわざを選択する。 ・急がば回れ ・笑う門には福来る ・猫の手も借りたい　など ○1ページのレイアウトを考えて、書いてみる。 ・特徴を考えて、ことわざを選択する。 　<u>出てくるものに着目する</u>（動物、数字食べ物、虫など） 　<u>意味に着目する</u>（教訓、似た意味、反対の意味など） ○書いたものと自分の「ことわざ辞典」の特徴について友達と話し合う。 ・4～5名のグループで話し合う。 ・ことわざの使い方についても吟味し合う。	☆身近なことわざを選択している。 ・普段よく耳にすることわざを選択するように助言する。 ◎並行読書している図書資料も参考にして編集を考えさせる。 ・例解小学ことわざ辞典 ・ことわざ・慣用句おもしろ辞典など ※思いつかない子には、ワークシートを用意する。 ◎一人一人が自分なりの辞典を作るように特徴をはっきりさせる。 ◎ことわざの使い方を普段の生活の中から見つけて書くようにさせる。
終末	○自分の「ことわざ辞典」をことわざの特徴に合わせて編集し、書き続ける。 ・必要に応じて並行読書する。	☆特徴をはっきりさせて、自分の「ことわざ辞典」を書こうとしている。 ※意味や使い方を確認する読書

4 板書例

自分の『ことわざ辞典』を作ろう

普段よく耳にすることわざ
・猫の手もかりたい
・犬も歩けば棒に当たる
・さるも木から落ちる
・頭かくしてしりかくさず

ことわざには特ちょうがある
・動物が出てくる
・生活の知恵が意味の中にかくれている
・似た意味のものがある
・こうしたほうがいいという意味がある
・短い言葉で表されている

特ちょうを考えて自分の「ことわざ辞典」を作ろう
・アイウエオ順の辞典にする
・犬や猫の出てくることわざを集める
・生活の知恵や教えを意味したものを集める。

その他のねらいに応じた並行読書図書リスト

●自分たちの「ことわざかるた」を作るために読む場合

書名 『ことわざ・四字熟語辞典』『まんがで学習ことわざ辞典』『ことわざ・慣用句おもしろ辞典』

指導のヒント 自分たちの「ことわざかるた」を作るために並行読書する。教科書教材でことわざについての基本的な学習をし、そこでの学びを生かしてかるたづくりをする。グループで作り、互いに交換してかるたで実際に遊び、感想などの交換を行うことで評価につなげる。

●ことわざの意味に着目して選んだことわざごとに、物語を書く活動のために読む場合

書名 『常識のことわざ探偵団』（シリーズ）『ことわざ絵本』（シリーズ）

指導のヒント 普段の生活の中でよく使われていることわざを選んで、その意味を生かした簡単な物語を書いていく学習である。ことわざは人間が生活の中で積み重ねてきた知恵や教訓の込められた言葉である。意味に着目した読み物を書くことで、ことわざを活用する力を高める。

:4年: :文学教材:

物語の名場面・かくれ名場面集を作って発表しよう
単元名

中心学習材
（教科書教材）　「ごんぎつね」（光村図書）　　　　　　　　　【全10時間】

並行読書のねらい

○文学的文章の読み、言語活動を深める並行読書

> ごんぎつね（作品）と他の物語を並行して取り扱うことで、登場人物の心情の変化を言動や情景描写をもとによりくわしく読み取る。

　教科書作品「ごんぎつね」は、豊かな情景描写による心情表現とともにドラマティックに物語が展開していく名作である。子どもたちは、低学年で「登場人物の行動に着目した読み」を経験している。その読みに加え「ごんぎつね」は、「情景描写から登場人物の心情変化を想像する読み」を育むことができる教材である。そして、ごんと兵十の心情を読み取ることで高学年の「登場人物の関係を意識する読み」への架け橋になる教材ともいえる。しかし、情景描写による心情表現を子どもたちがどこまで意識して読んでいるかというと、その意識は子どもによって大きな差がある。教材としての学習価値が情景描写以外にも多くあるため、ともすると豊かな情景描写を意識できず学習が終わってしまう。

　情景描写豊かな多作品を学級全体で読み交流することで「情景描写から登場人物の心情変化を想像する読み」の共通認識をもつことができる。また、ブックトークで情景描写や登場人物の関わりで物語が展開する作品を紹介することで言語活動「名場面・かくれ名場面集作り」を多くの作品で行うことができ学習の日常化を図ることができる。

並行読書を生かした活動

　情景描写に気づく、対比して心情に深く迫る、登場人物の関わりに着目させる、言語活動を日常的に行う、など学習を深めるための目的ある並行読書を取り入れる。

１. **情景描写を意識させる読み聞かせ**

①『よあけ』『月夜のみみづく』など情景描写で展開する物語を授業の導入時に読み聞かせする。

②情景描写から感じた印象や、想像した登場人物の心情について交流する。

２. **言語活動を活性化させ、読みを深める読書活動**

①『手ぶくろを買いに』を読み、子ぎつねとごんを対比させながら読むことで心情理解を深める。

②『おまえうまそうだな』で登場人物同士の関わりに着目させて読む。

③その他の作品のブックトークを聞き「ごんぎつね」以外の作品でも「名場面・かくれ名場面集」を作ろうとする。

④自分で選んだ本で「名場面・かくれ名場面集」を作り友達と感想を伝え合う。

並行読書図書リスト

- 書名 **よあけ**
- 著者 ユリー・シュルヴィッツ
- 出版社 福音館書店
- 出版年 1977年
- 本単元での扱い 導入時に情景描写に着目するために読み聞かせを行った。研ぎ澄まされた短い情景描写のみの絵本。一つ一つの言葉から受ける印象について交流した。情景描写のもつ効果や読み手に与える印象について共通理解を図ることができた。

- 書名 **おまえうまそうだな**
- 著者 宮西達也
- 出版社 ポプラ社
- 出版年 2003年
- 本単元での扱い 低学年で読んだことがある絵本を二匹の心情の変化に着目して心情曲線に表しながら読む。低学年のときは気付かなかった心情の機微に気づく。「かくれ名場面」探しの練習として活用。シリーズ本を学級に置き学習の日常化を図る。

- 書名 **手ぶくろを買いに**
- 著者 新美南吉
- 出版社 偕成社
- 出版年 1988年
- 本単元での扱い 新美南吉作品でごんぎつねと同じくきつねが主人公の物語。母親と暮らす子ぎつねとごんの心情を情景描写や行動、会話をもとに対比させて読むことで、ごんを取り巻く環境や心情変化をより深く読み取り想像を広げることができた。

- 書名 **大きな木のような人**
- 著者 いせひでこ
- 出版社 講談社
- 出版年 2009年
- 本単元での扱い 本作は登場人物「さえら」が「わたし」や植物との触れ合いを通して成長していく様子が豊かな情景描写と共に描かれている。ブックトークで紹介。日常的に心情曲線を作り、名場面集を作れるよう学級内に置いておく。

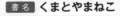

- 書名 **くまとやまねこ**
- 著者 湯本香樹実・文
- 出版社 河出書房新社
- 出版年 2008年
- 本単元での扱い 「死」という重いテーマの何が感動を読み手に与えるのか。「悲劇」の味わい方を考えるテキストとして活用。なかよしのことりが死んでしまってからのくまの心情に迫ることで、「名場面」の深みが増した。

【その他　情景描写に着目できる著書】
『月夜のみみずく』ヨーレン
『はるかな湖』アレン・セイ

【高学年指導事項　登場人物の関係に着目した読みにつなげる並行読書】
『あらしのよるにシリーズ』
作：きむらゆういち　絵：あべ弘士
『ないたあかおに』作：浜田廣介
『ヤクーバとライオン友情・信頼』
作：ティエリー・テデュー

4年　文学教材　73

単元について

単元のねらいと概要

　本単元では、ごんと兵十の心情の変化を詳しく読み取るために、情景描写や行動をもとに想像を広げて読むことを目標としている。物語の「名場面」（本単元では、登場人物・語り手の心情が大きく変化する場面のこと）を意識することは、これまでの読書経験、学習経験のなかで多くの子どもがもっているものだろう。本単元の言語活動では、「かくれ名場面」（情景描写や行動や会話に着目し、じっくりと読むと登場人物の心情やその変化が想像できるところ）を探す言語活動を加えた。このことにより一読しただけでは読み取れない登場人物の心情の変化、感情の機微を丁寧に読み取るため情景描写や関係性、言動一つ一つに目を向けていく必然性が生じる。

単元の目標

○場面の移り変わりや情景描写に注意しながら、登場人物の性格や気持ちの変化について、叙述に即して想像して読むことができる。（読むこと）
○自分が選んだ理由や重要だと感じたことを考えながら「名場面・かくれ名場面集」を作成することができる。（読むこと）

言語活動

1. 学習課題・言語活動について知る。
   ・教師の作った『ごんぎつね』の「名場面・かくれ名場面集」（未完）を読む。
   ・「名場面・かくれ名場面」について共通認識をもつ。

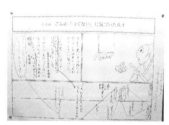

2. 「ごんぎつね」を中心に情景描写に気づく作品、登場人物の心情変化のある作品を読む。
   ・叙述を基に登場人物の心情の変化を読み取る。
   ・「名場面」「かくれ名場面」を考える。（自力学習）

3. 場面ごとに「名場面」「かくれ名場面」を探す。
   ・物語全体を考えた上で一つの場面について考える。

4. 「名場面・かくれ名場面集」を作る
   ・班でそれぞれが選んだ「名場面・かくれ名場面」の理由を聞き、吟味検討して選ぶ。

5. 「名場面・かくれ名場面集」を読み合う
   ・似ているところ違うところを中心によさや感想を伝え合う。

単元計画

次	学習活動	指導内容☆評価	並行読書活動	補充と発展
○次	⓪ブックトーク・読み聞かせで教師の思った「名場面」とその理由をつけて発表する。	・情景描写から登場人物の心情を想像し広げていく経験をさせておく。	並行読書用の本を本棚に入れておく。	
一次（1、2時）	①「ごんぎつね」の読み聞かせを聞き、教師の作った未完成の作品を読み、「名場面・かくれ名場面集」を学級全体で作る。また、班ごとに一セットの「名場面・かくれ名場面集」を作ることを知り学習計画を立てる。	・学習活動の見通しをもたせる。 ☆学習活動に興味をもち計画を立てようとしている。	学級文庫にコーナーを作成する。	
二次（3〜9時）	②一人で物語全体を読み心情曲線に表して「名場面・かくれ名場面」を探す。	☆情景描写、言動からごんと子ぎつねの心情変化を読み取り、想像を広げている。	『手ぶくろを買いに』	
二次（3〜9時）	③分担した場面ごとに研究班を作り、それぞれが見つけた「名場面・かくれ名場面」を発表しあい、「名場面・かくれ名場面」をたくさん集める。	・場面ごとのごん・兵十・語り手の気持ちや感情の変化を読み取らせる。	『おまえうまそうだな』	『ルリユールおじさん』『大きな木のような人』
二次（3〜9時）	④元の班に戻り、集めた「名場面・かくれ名場面」の中からそれぞれ一つずつカードに書くことを話し合って選ぶ。	・なぜ、選んだ場面が作品にとって欠かせない場面なのかを判断基準に決めさせる。	『くまとやまねこ』	
二次（3〜9時）	⑤選んだことをカードに書き「名場面・かくれ名場面集」を作る。	☆選んだ理由をカードに書き作成している。		
三次（10時）	⑥「名場面・かくれ名場面集」を読み合い感想を伝え合う。	☆互いに読み合い、感じ方や考え方の違いに気づいている。		

4年　文学教材　75

並行読書を生かした第2時の展開例

1 本時の目標　情景描写、言動から登場人物の心情を想像できることを知り想像を広げることができる。

2 本時の評価規準　情景描写、言動からごんと子ぎつねの心情変化を読み取り、想像を広げている。

3 本時の展開

	○学習内容・予想される子どもの反応	◎指導内容 ※留意点 ☆評価
導入	○「名場面」と「かくれ名場面」の違いを確認する。	※前時に見た教師のモデルをもとに共通理解を深める。
展開	あなから出てきた「ごん」と「子ぎつね」の気持ちを比べながら二つの物語の「かくれ名場面」を探そう。	
	○『ごんぎつね』と『手ぶくろを買いに』の巣穴から出てきた場面を読み二匹の違いを考え交流する。 ・あなの中のごんはすごく退屈そう。 ・ごんはイライラしているけど子ぎつねは無邪気な感じがする。 ・どちらも穴から出てうれしそう。 ○心情の根拠につながる叙述について考える。 ・「あなの中にしゃがんでいた。」⇒ずっとあなの中にしゃがんでいたら退屈でイライラするよ。 ○情景描写、言動をもとに登場人物の心情を対比しながら想像する。 ○想像できたことを発表し合う。 ・ようやく外に出られたぞ。だれかに会いたいなあ。 ・雪って怖いと思ったけれど楽しい。	※全文ではなく巣穴から出てくる冒頭部分のみを提示、配布する。 ◎登場人物の心情やイメージが情景描写、言動からも想起されていることに気づかせる。 ◎二つのテキストを比べながら読み、情景描写、行動にサイドラインを引かせ想像できることを書きこませる。 ◎ごんと子ぎつねを対比させながらそれぞれの心情変化をまとめ、想像の広がりを実感させる。
終末	○「かくれ名場面」の探し方を考えまとめる。	◎情景描写や些細な言動から登場人物の心情変化を想像できることを確認する。 ☆情景描写、言動からごんと子ぎつねの心情変化を読み取り、想像を広げている。（発言・ノート）

4 板書例

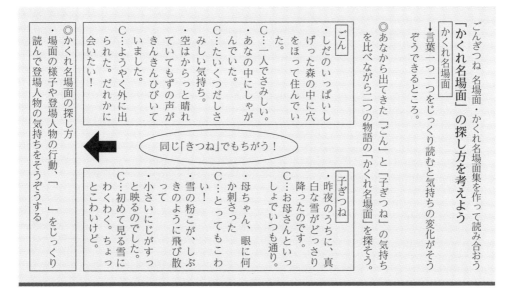

5 児童作品

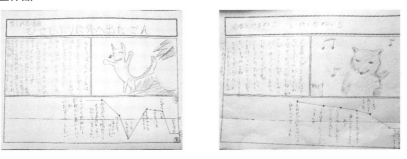

その他のねらいに応じた並行読書図書リスト

● 『ごんぎつね』の文や挿絵を比べて読む場合

書名 『校定新美南吉全集10巻』『絵本ごんぎつね　絵：黒井健』『絵本ごんぎつね　絵：いもとようこ』

指導のヒント 『校定新美南吉全集10巻』は草稿時の『権狐』を収録している。比較読みで鈴木三重吉の意図を探り、それぞれのよさを自分なりに考える学習につながる。たくさんの『ごんぎつね』絵本を読み比べ、画風に留まらず場面の選択、表情などにも着目させ作家の感じ方を探る学習に結びつけることができる。

● 新美南吉作品の比べ読み

書名 『新美南吉童話傑作選』『新美南吉童話選集（絵本）』

指導のヒント 学級や子ども一人一人の読書傾向を考えて同一作者の作品を準備する。新美南吉作品は、絵本として多数出版されているので活字のみの全集が難しいようであれば絵本を多く準備する。学級文庫に置いておくだけでなく新美南吉らしさを考えたり、どんな作品が多いか考えさせたりしながら並行読書を進めていく。

:4年: :説明文教材:

単元名 アクティブ・リーディング　つくろう!わたしたちのレッドリスト

中心学習材
（教科書教材）「ウミガメの命をつなぐ」（教育出版）　　　　　　　　　　　　【全9時間】

並行読書のねらい

○自分の課題を解決する読書活動

> 絶滅のおそれのある生物に関する図書資料を調べ、「ウミガメの命をつなぐ」
> で学んだ要約の仕方を生かして学級版「レッドリスト」を作成する。

　「ウミガメの命をつなぐ」は、絶滅危惧種であるウミガメを守る水族館の取り組みが紹
介されている教材である。並行読書を進めるには、子どもの読書に対する興味・関心が不
可欠である。そこで、子どもたちが気になる絶滅危惧にある生物を選び、調べる読書活動
を行う。

　調べたことを表現する活動として、学級版「レッドリスト」の作成を行う。そのため、「ウ
ミガメの命をつなぐ」では、観点を決めて要約を行う学習活動を展開する。「レッドリスト」
を作成する際には、中心学習材での学びを生かすようにする。並行読書と学習活動との結
びつきを明確にすることで、子どもたちは意欲をもって「レッドリスト」づくりを行うよ
うにある。

並行読書を生かした活動

1．課題を決めて図書資料を調べる（選書指導）

①レッドリストについて紹介する。

　　・並行読書指導において最も大切なのは、子どもが本を選ぶ力を育てることである。
　　　そこで、中心学習材に入る前に絶滅のおそれのある生物に関する資料を提示する。

　　・環境省のHPや「クイズレッドリストの生きものたち」などを紹介する。

②「ウミガメの命をつなぐ」を読む。

③レッドリストの中から自分の気になる生物を選ぶ。

　　・レッドリストに掲載された種数は、9分類群合計で3430種（第4次レッドリスト、
　　　2013年）である。この中から児童向けに書かれた図書資料を用意し、選択させる。

④選んだ生物に関する図書資料を選んで調べる。

2．学級版「レッドリスト」

　・学級版「レッドリスト」とは、子どもたちが調べたことを紹介するカードを集約した
　　ものである。紹介する上で、中心学習材の読解指導を生かすようにする。

①中心学習材を読み、観点ごとに要約をする。

②調べる生物を決め、並行読書を行う。

③要約の学習を生かして、次の観点で調べたことをまとめる。

　　・生態、生息地域、絵や写真・絶滅のおそれの原因・絶滅を防ぐための取り組み

並行読書図書リスト

書名 環境問題チャレンジブック4 クイズレッドリストの生きものたち
著者 永戸豊野
出版社 合同出版 **出版年** 2001年
本単元での扱い レッドリストに関するクイズ本。「絶滅のおそれのある生き物」のことを知ることができる導入に適した本である。クイズ以外にもコラムでの解説もある。また、巻末には参考一覧もあり個人で本を探すのにも役立つ。

書名 日本の絶滅のおそれのある野生生物 レッドデータブック鳥類
監修 環境省
出版年 2002年
本単元での扱い 環境省が発行する日本の野生生物の状況を報告するデータブック。カテゴリーの説明や野生生物の状況を種ごとに解説している。多少の差はあるが、おおむね見開きで説明されているので読みやすさはある。

書名 世界絶滅危機動物図鑑 第1集〜第6集
出版社 学習研究社
出版年 1997年
本単元での扱い 動物園で見かけるような比較的身近に感じている動物から見たこともない動物まで紹介されている。写真も豊富で絶滅にひんしている動物たちを身近に感じることができる。説明内容も平易で本文を生かした紹介活動に生かすことができる。

書名 ウミガメの旅 太平洋2万キロ
著者 香原知志
出版社 ポプラ社
出版年 1999年
本単元での扱い ウミガメの種類や特徴、日本人とのかかわり、ウミガメの生態調査など読み物の文体で紹介。補助教材としても活用できる。要約をする際の根拠にしてもよいことを伝えることで、関心をもって読むようになると考えた。

●説明文教材と並行読書における留意点

　説明文教材は、科学的な事象や社会的な課題を対象に書かれている。今日の飛躍的に高度化した情報社会では、子どもたちが調べ学習を行う際に、手にする図書資料が古くなっていることも多々ある。

　今回の実践にあたり、学校図書館で、中学年の子どもが読めそうな図書資料を探したが、最新のものを使用することが難しかった。また、公共図書館においても同様で、最新のものが少なかったり、最新のものはあっても貸出禁止だったりと図書資料の収集の難しさを痛感した。

　国語の指導においては、発行年度を明記させるなど引用についての学習には役立つが、今後はネット情報なども並行読書の資料として活用することが大切だと感じた。

単元について

単元のねらいと概要

　　絶滅のおそれのある生物に関する図書資料を調べ、「ウミガメの命をつなぐ」で学んだ要約の仕方を生かして学級版「レッドリスト」を作成する。

単元の目標

○調査報告書に興味をもち、進んで読もうとする。（関心・意欲・態度）
○自分が興味をもったことを中心に並行読書を行い、文章を要約したり引用したりして紹介することができる。（読むこと）

言語活動

1. 絶滅のおそれのある生物についての資料から、絶滅危惧種について関心をもつ。

　○絶滅のおそれのある生物について書かれた図書資料を紹介する。
　○環境省のHPなど視覚資料を活用する。

※自分の気になる生物を決め、授業と並行して調べるようにする。
※調べる生物や図書資料は、重複してもよいことにする。調べる対象は、教師が用意した資料からわかるものにする。なお、自分で用意できる資料の活用も可とする。
※図書資料は、子どもたちがいつでも読めるように学級に資料コーナーを設置する。

2. 「ウミガメの命をつなぐ」を読み、観点に応じて要約する。

　○要約の観点
　　・一匹のウミガメが運ばれてきたわけ
　　・ウミガメが絶滅のおそれのある動物になったわけ
　　・名古屋港水族館の取り組み
　　・ウミガメが長い旅をすること

3. 学級版「レッドリスト」を製作する。

　○製作は個人で行う。
　○要約の学習を生かして、次の観点で調べたことをカードにまとめる。
　　・生態、生息地域、絵や写真
　　・絶滅のおそれの原因
　　・絶滅を防ぐための取り組み

※カードは、A4用紙。学級版は、個人のカードをクリアファイルにまとめる。

4. 「レッドリスト」カードを読み合う。

　○書いたものを読み合い、感想を伝え合う。

※学級版「レッドリスト」は、学校図書館に置き、他学年の子どもたちも読めるようにする。

単 元 計 画

次	学習活動	指導内容☆評価	並行読書活動
一次（1〜2時）	①絶滅のおそれのある生物についての資料から、絶滅危惧種について関心をもつ。 ②自分の気になる生物を決め、図書資料を選択する。	・絶滅のおそれのある生物について関心をもたせる。 ・自分の気になる生物と調べるための図書資料を選択させる。 ☆紹介したい生物を決めている。	・「クイズレッドリストの生きものたち」 ・「レッドデータブック」 ・環境省のHP ・並行読書図書リスト参照
二次（3〜6時）	③「ウミガメの命をつなぐ」を読み、観点に応じて要約する。 ・一匹のウミガメが運ばれてきたわけ ・ウミガメが絶滅のおそれのある動物になったわけ ・名古屋港水族館の取り組み ・ウミガメが長い旅をすること	・図や写真と対照させながら読み、内容をつかませる。 ・観点によって、中心語・文が違うことに気づかせる。 ☆文章の構成と大まかな内容をとらえている。	・「ウミガメの命をつなぐ」 ・「ウミガメの旅太平洋2万キロ」 ・「100の知識（第2期）」 著者スティーブ・パーカー 文研出版社　2009年
三次（7〜8時）	④学級版「レッドリスト」を製作する。 ・生態、生息地域、絵や写真 ・絶滅のおそれの原因 ・絶滅を防ぐための取り組み ・調べてわかったこと	・要約と引用の違いを確かめる。 ・学級新聞づくりの学習を想起させ、レイアウトを工夫させる。 ☆資料を用いた紹介文を書いている。	・並行読書図書リスト参照
四次（9時）	⑤「レッドリスト」カードを読み合う。 ・書いたものを読み合い、感想を伝え合う。	・感想は、必ず伝えるようにする。 ・質問は、必要に応じてする。 ☆友達の作品を読み、感想を伝えている。	・「レッドリスト」カード

4年　説明文教材　81

並行読書を生かした第4時の展開例

1 本時の目標　ウミガメと自分が選んだ生物の「絶滅のおそれの原因」を要約することができる。

2 本時の評価規準　絶滅の原因について要約している。

3 本時の展開

	◯学習内容・予想される子どもの反応	◎指導内容 ※留意点 ☆評価
導入	◯前時に要約した文章を確かめる。 ◯全文を音読し、本時の学習課題を確認する。	◎「一匹のウミガメが運ばれてきたわけ」について確かめる。 ※前時、児童が書いた要約を一覧にし、拡大コピーしたものを使って振り返りを行う。
	「ウミガメが絶滅のおそれのある動物になったわけ」を要約しよう	
展開	◯「ウミガメが絶滅のおそれのある動物になったわけ」がわかる部分を要約する。 ・ウミガメは、長い間、つかまえられて装飾品の材料に使われたり、卵を産む砂浜が埋め立てられたりしたから。 ◯要約したものを紹介し合う。 ◯自分が選んだ生物について、「絶滅のおそれの原因」を要約する。 ・ラッコは、毛皮をとるためにハンターが乱獲したことが原因です。 ・ゴリラはゴリラが住む森を人間が開発したことが原因です。	◎「ウミガメが絶滅のおそれのある動物になったわけ」を要約する。 ※書き終わった子どもから黒板に板書させる。 ※板書されたものをもとに、要約した文を確かめる。 ☆ウミガメが絶滅のおそれのある動物になったわけを要約している。 ◎自分の選んだ資料をもとに、要約する。 ※「ウミガメ」の要約を参考にしながら、自分で調べたことを要約する。 ※図書資料が重複する場合は、事前にコピーをするなどして各自調べられるように配慮する。
終末	◯自分が選んだ生物についての「絶滅のおそれの原因」を要約した文を読み合う。	◎隣の席の子どもや同じ生物の子どもと交換して読み合う。 ※調べたことを要約できていない場合は、第三次でもう一度書く時間があることを伝え、資料に付箋をつけさせたり、メモを書かせたりする。

4板書例

つくろう！ぼくらのレッドリスト

ウミガメが絶滅のおそれのある動物になったわけ

・ウミガメは、つかまえられて装飾品の材料に使われたから。
また、卵を産む砂浜が埋め立てられたから。

・ウミガメは、長い間、つかまえられて装飾品の材料に使われたり、卵を産む砂浜が埋め立てられたから。

・ウミガメは、長い間、装飾品の材料に使われたり、砂浜が埋め立てられたから。

・ウミガメは、長い間、つかまえられて装飾品の材料に使われたり、卵を産む砂浜が埋め立てられたりしたから。

・ウミガメは、とても敏感で、少しでも危ないと感じると卵を産まないから。

・ウミガメは、長い距離を流されるので、その間に命をなくすから。

・ウミガメは、海に捨てられたプラスチックのごみを食べてしまって、死んでしまうこともある。

自分が選んだ生物について、「絶滅のおそれの原因」を要約しよう

※板書凡例　傍線は、教科書本文の叙述　波線は、調べた図書資料の叙述

その他のねらいに応じた並行読書図書リスト

●生物ではなく、使われなくなった道具や施設について読む場合

書名　『昔の道具大図鑑』小泉和子／監修　PHP研究所　2013年

指導のヒント

　3年生の社会科で学習した「昔調べ」を想起させ、身の回りにある使われなくなったものをカード化し、紹介し合う。言語活動としては、要約することが中心となるので基本的な展開は、本単元と同じである。

●生物ではなく、使われなくなった言葉（死語）について読む場合

書名　『お江戸決まり文句』杉山亮　カワイ　2000年　『各種国語辞典、ことば辞典』

指導のヒント

　テーマを言葉に絞った単元である。伝統的な言語文化と国語の特質と関連させて指導することで国語科の学習としての深まりがみられる。言語活動としては、言葉の意味、使われなくなった原因などを要約して紹介する活動になる。なお、要約をすることよりも多数の死語を紹介するなど語彙指導にも役立てることも可能である。

4年　説明文教材

4年 伝統的な言語文化や詩歌

単元名 俳句や短歌に親しもう

中心学習材
（教科書教材） 「声に出して楽しもう」（光村図書）　　　　【全5時間】

並行読書のねらい

○学習事項を発展させながら読む読書活動

> 雪ダルマ型※の並行読書：俳句についてもっとよく知りたい、または、もっと他
> の短歌や俳句はないのか調べてみたいなどの意欲に応じて、適切な図書資料を自
> ら選択して読む。　　　　　　　　　　　　　　　　　　　　　　　※P13参照

　教科書に出てくる短歌や俳句をきっかけにして、松尾芭蕉の俳句を他にも読んでみたい、自分たちもまねて作ってみたいなど、既習事項をもとに自らの興味・関心・意欲を発展させるための並行読書である。

　3年生の教材、4年生上巻の教材を合わせて活用してもよい。声に出して読み、5音・7音の言葉のリズムに気づき、さらに、作者の気持ちを想像してみたり百人一首を楽しんだりしながら、自分たちも俳句のようなものを作って楽しもうとする発展学習につなげていく。

並行読書を生かした活動

1．教科書教材を繰り返し音読し、短歌や俳句のきまりに気づく取り組み

①教科書教材を繰り返し音読する。

②短歌や俳句のもつ言葉のリズムに気づく。

③俳句には季節感があることに気づく。

④言葉のリズムを意識しながら音読し、好きな俳句や短歌について理由を発表する。

　　好きな俳句の作者について詳しく知るために適切な図書資料を選んで読んだり、その作者の有名な他の作品を読んだりする。

　　自分で見つけた短歌や俳句の中から、特に気に入ったものを理由を添えて発表し合う。短歌や俳句に親しむことは、その時代に生きた人の思いやくらしに触れることである。17文字、31文字の少ない文字で表している内容の豊かさに気づかせていく。

2．俳句のきまりを知って自分たちも俳句のようなものを作る取り組み

①文字数を印刷したカード（5・7・5）を使って、17音の川柳を作る。

　　「イラスト子ども川柳」や「作ってみようらくらく俳句」は参考になる。

②作った川柳を紹介し合う。

　　友達からどんな様子が目に浮かぶかを話してもらうようにする。また、学級全体で川柳大会をすることも考えられる。（カードにして掲示することもよい）

　　カードを編集して学級川柳集を作って読み合うことも考えられる。

84

並行読書図書リスト

- 書名 俳句を読もう
- 著者 藤井圀彦
- 出版社 さ・え・ら書房
- 出版年 1998年
- 本単元での扱い 子どもたちが鑑賞できる俳句を読みやすい形にまとめた本。ここに取り上げられた人や句を手掛かりにして、関係のある人や句の研究へと進むことができる。

- 書名 こども歳時記
- 監修 長谷川櫂
- 出版社 小学館
- 出版年 2014年
- 本単元での扱い 春夏秋冬の季語はもちろん、覚えておきたい俳句や俳人までもが適切に紹介されている。目次や索引も充実しているので、学習のお供として常時活用するようにしたい。

- 書名 よくわかる俳句
- 監修 山口仲美
- 出版社 集英社
- 出版年 2000年
- 本単元での扱い 「春の俳句」「夏の俳句」など、五つの章に分かれている。この本に出てくる俳句を味わうことはもちろん、次に自分で作ってみるという活動に結び付けられる。

- 書名 作ってみよう　らくらく俳句
- 著者 辻桃子
- 出版社 偕成社
- 出版年 2000年
- 本単元での扱い 初めて俳句を作る人のために、その作り方をわかりやすく書いた本。実例を挙げながら楽に楽しんで俳句作りができるように構成されている。教科書教材からの発展として、また、まとめとして活用したい。

- 書名 イラスト子ども川柳①
- 編者 熊田松雄
- 出版社 汐文社
- 出版年 1995年
- 本単元での扱い 子どもが作った面白川柳が勢ぞろいしている。これを読んで、自分も作ってみようという意欲を誘う。

- 書名 イラスト子ども川柳②
- 編者 熊田松雄
- 出版社 汐文社
- 出版年 1998年
- 本単元での扱い 実生活の一場面を切り取って、5・7・5のリズムのある言葉で表現する楽しさを味わえるようにしたい。その際、川柳の面白さは、俳句の学習へ発展させる起爆剤として活用できる。俳句作りの導入教材として用意する。

単元について

単元のねらいと概要

　短歌や俳句に親しむことは、その時代に生きた人の思いやくらしに触れることになる。音読したり暗唱したりし、5音・7音の調子を楽しむ。17文字、31文字で表している内容の豊かさを感じさせる。
　5音・7音の調子の響きを生かして、俳句のきまりを知って自分たちも俳句や川柳を作る。これらの活動を通し、俳句に親しませる。世界で最も短い詩を作る学習は、普段の生活をより詳しく見ることになる。また、適切な言葉の吟味をすることで、言葉への関心を高めることになる。

単元の目標

○短歌や俳句に興味を示し、進んで音読する。（関心・意欲・態度）
○自分が好きな俳句をまねて、自分の体験に合わせた俳句（川柳）を作ることができる。（書くこと）
○作品に込められた気分や作品の情緒を想像しながら音読することができる。（読むこと）
○音読や暗唱を通し、短歌や俳句の調子、響きなどに親しむことができる。（言語についての知識・理解・技能）

言語活動

1. 「声に出して読もう」を音読する
   ・短歌や俳句のもつ調子や響き、きまりなどに気づく。
   ・作者について興味をもち、調べる。（解釈などに深入りしないようにする。）

2. 俳句や川柳に関する図書資料を読む
   ・5音・7音のきまりに気づき、自分でも作ってみようという意欲をもつ。
   ・実生活の一場面を切り取って、5・7・5の17文字で表現する楽しさを味わう。

3. 川柳発表大会を開き、学級で句集を作る
   ・一句ずつカードに書き、友達同士句から感じ取れる気分や様子などについて話す。
   ・カードを使って編集し、学級の句集を作る。
   ・句のよさについて付箋などで作者に伝える。

単元計画

次	学習活動	指導内容☆評価	並行読書活動	補充と発展
一次（1時）	①短歌や俳句について知っていることを発表し合う。 ・よく耳にする短歌や俳句を発表する。 ②教科書教材を繰り返し音読する。 ・読んで感じたことや気づいたことを発表し合う。 ③もっと知りたいことや調べてみたいことをノートに書く ④自分たちの句を作り、学級の句集にするめあてをもつ。	・短歌や俳句に興味をもたせる。 ・3年生の教科書教材も紹介する。 ・5・7・5のリズムに気づかせる。 ・気分や様子を想像させるが、深入りしない。 ☆自分の課題をもっている。	・俳句を読もう ・こども歳時記	
二次（2〜4時）	①課題に合った図書資料を選んで読む。 ・作者について ・きまりについて ・句の作り方についてなど ②身近な体験を句にする。 ・学校生活から ・家庭での出来事からなど	・字数を印刷したワークシートを準備しておく。 ・解釈には深入りしない。 ・今の言葉を使うようにさせる。 ・小グループで評価し合わせる。	・よくわかる俳句 ・作ってみようらくらく俳句	・イラスト子ども川柳① ・イラスト子ども川柳②
三次（5時）	①作った句を紹介し合う。 ・友達から感想を聞き合う。 ②学級の句集を作る。 ・カードを使って編集する。 ③心に残った句に感想を書き合う。 ・よいところを書く。 ・興味のある本を選んで読むことを続ける。	・川柳大会を開き評価し合う。 ・付箋などを使って感想を伝える。 ☆俳句や川柳などに興味をもち、創作している。		

4年　伝統的言語文化や詩歌　87

並行読書を生かした第2時の展開例

1 本時の目標　　既読の俳句を参考にして自分の句を作り、友達と交流することができる。
2 本時の評価規準　5・7・5の17文字で自分の句を作り、楽しんで交流している。
3 本時の展開

	○学習内容・予想される子どもの反応	◎指導内容 ※留意点 ☆評価
導入	○自分の課題に即して本から学んだことを発表し合う。 ・作者について ・作品について ○特に気に入っている俳句を紹介し合い、自分たちも句を作る意欲をもつ。	※自分の課題をノートにまとめておく。 ◎俳句の特徴に気付かせるようにする。 ☆5・7・5のリズムを意識して音読している。 ※ワークシートを用意する。
展開	○自分の体験をもとにした句を作る。 （季語のいらない川柳を選択してもよい） ・学校生活の中から ・家庭での出来事の中から ・旅行などの思い出からなど ○作った川柳を友達同士で吟味し合う。 ・5・7・5のリズムをもっているか ・どんな気分が感じられるか ・どんな様子が見えるか ・作者のどんな気持ちがわかるかなど ○友達からの意見を参考にして、自分の句を推敲する。 ・よりよい言葉はないか ・言葉の順序はどうか ・作品のよさは何かなど ○もう一度4～5人のグループで話し合う。 ・よいところを指摘し合う。	◎川柳について例を挙げて説明し、川柳を作る意欲を高める。 ※「イラスト子ども川柳」などの紹介活用 ☆自分の体験をもとに、5・7・5のリズムを意識しながら川柳を作っている。 ◎字余りというきまりも使えることを知らせる。 ◎よりよい言葉を吟味させる。声に出して読むことで、調子やリズムなどを感じ取らせる。 ※よく理解できないでいる子へは個別指導する。 ◎よいところを見つけて伝えるようにさせる。
終末	○指摘を受けて、改善するところがあれば、書き換えておく。 ○さらに俳句や川柳を作る意欲をもつ。	◎5・7・5の17文字で句を作ることを続けて楽しめるようにする。

4 板書例

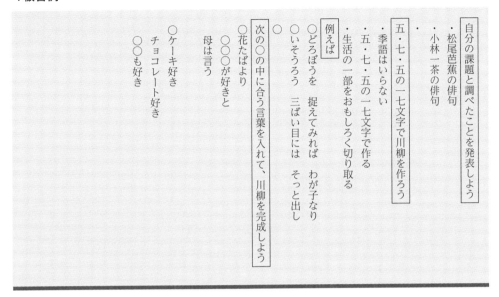

5 作品

（植松提供）

その他のねらいに応じた並行読書図書リスト

●**子どもなりの俳句を作る場合**

書名　『大人も読みたいこども歳時記』『小学生のまんが俳句歳時記』『よくわかる俳句』

指導のヒント

　季語を入れて、5・7・5の17文字を駆使して俳句を作る活動につなげる指導を展開する。状況や気持ちを言葉にする面白さを体験する学習である。有名な俳句を味わいながら、自分の俳句も作ってみようという活動に結び付けられる。学習終了後も雪ダルマ型の並行読書は続けられるであろう。

●**百人一首で遊びながら学ぶ場合**

書名　『小学生のまんがの百人一首辞典』『百人一首セット』『教科書資料・百人一首』

指導のヒント

　5・7・5・7・7のリズムで短歌を十分に音読し、そのおもしろさを味わうとともに百人一首で遊ぶことにつなげる活動である。遊びながら言葉のおもしろさに気づき、言葉の世界を広げていくことになる。グループ対抗から学級対抗へとつなげることも考えられる。

: 5年 : 文学教材 :

単元名 杉さんから「心が温まるメッセージ」を受け取ろう

中心学習材
（教科書教材） 「わらぐつの中の神様」（光村図書） 【全7時間】

並 行 読 書 の ね ら い

○比べ読みしながら作者が作品に込めた思いにせまる

> 「わらぐつの中の神様」とその他の杉みき子作品を読み比べることで、作者が作品に込めた思いや考えを読み取る。

　「わらぐつの中の神様」では、自分が編んだわらぐつを履いてくれる人を思いやる「おみつさん」の思いが描かれている。本作品の他にも、杉みき子さんの作品の中には、雪国の厳しい自然と共存しながら、無償で他の人のために尽くすことの尊さを描いたものがいくつもある。

　これらの作品と「わらぐつの中の神様」を読み比べ、それぞれの作品で描かれている登場人物の人物像や生き方を読み取ることで、杉みき子さんが作品に込めた思いに迫ることができる。

並 行 読 書 を 生 か し た 活 動

１．杉さんの作品紹介コーナーの設置

①教室の一角に杉みき子さんの作品を集めたコーナーを用意する。

　（並行読書に適した杉作品の数々を選んで準備する。）

②数冊の中から特に自分が気に入った作品を選べるように、一言感想を掲示してそれを参考にして、選書に困った子どもが作品を手に取れるようにする。

２．人物相関図の取り組み

①読みの視点をもって作品を読み、叙述にサイドラインを引く。

　　主な視点：主な登場人物（２人）とその人物像、人物相互の関係性とその変容作品の
　　　　　　　キーワードとなる（暗示性のある）表現など

②人物相関図に、主な登場人物の名前・人物の人柄がわかる叙述を書き出す。

③人物相関図に、主な登場人物（２人）の生き方・考え方や、互いに相手をどう思っているのかわかる叙述を書き出す。

　　※人物相互の関係性が、作品の展開と共に変化する場合は、人物相関図に書き込む。

④人物相関図を読み返し、作者が作品に込めた思いについて、自分の考えを書き込む。

並行読書図書リスト

- 書名 きたかぜどおりのおじいさん
- 著者 杉 みき子
- 出版社 PHP研究所
- 出版年 1988年
- 本単元での扱い 少女ゆみがおじいさんのことを心配して、おじいさんが落とした鍵を届けるためにいつまでも寒い屋外で待ち続ける親切心と、おみつさんのわらぐつを履いてくれる人に込めた思いを読み比べる。

- 書名 杉みき子選集8 夕やけりんご
- 著者 杉 みき子
- 出版社 新潟日報事業社
- 出版年 2010年
- 本単元での扱い 「ふうりん横町」に出てくる中学生次郎が、入院した新聞配達先の少女を励ますため、手作りの風鈴をプレゼントする優しさと、おみつさんのわらぐつを履いてくれる人に込めた思いを読み比べる。

- 書名 小さな雪の町の物語
- 著者 杉 みき子
- 出版社 童心社
- 出版年 1990年
- 本単元での扱い 「おばあちゃんの雪段」に出てくるおばあさんが、家の前を通る人のために心を込めて丁寧に雪段を刻み上げる様子と、おみつさんがわらぐつを履いてくれる人のことを考えて、丁寧にわらぐつを編む様子を読み比べる。

- 書名 かくまきの歌
- 著者 杉 みき子
- 出版社 童心社
- 出版年 1980年
- 本単元での扱い 「春さきのひょう」に出てくる看護婦さんが、患者さんのために必死で働いている様子と、おみつさんがわらぐつを履いてくれる人のことを考えて、丁寧にわらぐつを編む様子を読み比べる。

- 書名 小さな町の風景
- 著者 杉 みき子
- 出版社 偕成社
- 出版年 1982年
- 本単元での扱い 「電信柱に花が咲く」に出てくる少年が、自分のいたずらでけがをさせてしまった少女に対する申し訳なさと心配する思いから毎日少女の家に花を届ける様子と、おみつさんが履く人のことを思いやってわらぐつを編む様子を読み比べる。

その他、書名やテーマ
- 『白いやねから歌がきこえる』
- 『おばあちゃん ゆうびんです』
- 『レモン色の小さないす』など
  （以上全て 杉 みき子作）

- 杉みき子さんの作品は絵本や短編集が多いため、子どもが自分で作品を読みながら、「わらぐつの中の神様」との共通点や類似点を探し出す楽しさがある。

単元について

単元のねらいと概要

　本単元は、「中心となる登場人物の人物像や相互関係に関する叙述をもとに、内面にある深い心情」をとらえ、優れた叙述について自分の考えをまとめる力を育むことをねらい、設定した。「わらぐつの中の神様」をはじめとする杉みき子作品の中には、「象徴性の高い表現や内容」が含まれているものがいくつもあり、人物相互の関係性の変化に着目しながら読むことで、作品から「人を思いやる心」「自分のことを顧みず人のために尽くす行動力」などのメッセージを受け取ることができると考えた。受け取ったメッセージを自分の言葉で「人物相関図」にまとめて友達と交流することで、豊かな読解力の定着を図る。

単元の目標

○杉みき子作品に描かれている「心に残る言葉」や「情景・場面描写」などに興味をもち、作者が作品に込めたものの考え方に関心をもって読むことができる。
　　　　　　　　　　　　　　　　　　　　　　　　　　　　　　（関心・意欲・態度）
○複数の杉みき子作品を読み比べ、登場人物相互の関係や心情・場面描写から、作者の思いや考え方を読み取ることができる。　　　　　　　　　　　　　　　　（読むこと）
○作者の思いや考えを知る手がかりとなる叙述や、自分が作品から感じ取った事柄を書きまとめることができる。　　　　　　　　　　　　　　　　　　　　　　（書くこと）

言語活動

1. 「わらぐつの中の神様」を読み、人物相関図にまとめる。
   - 作品のおおよその内容をつかむ。(主な登場人物とその関係性、場面設定など)
   - 「おみつさん」と「若い大工さん」に関する叙述から人物像を読み取る。
   - 「わらぐつの中の神様」という題名には、作者のどのような思いが込められているのか考え、まとめる。
   ※杉みき子作品を並行読書で読み進めておく。

2. 杉みき子作品を読み、人物相関図にまとめる。
   - 自分が選んだ作品を(1)と同じ視点で再度読み返し、読み取った事柄を人物相関図にまとめる。

3. 2でまとめた人物相関図を読み合う。
   - 自分がまとめた人物相関図を友達と読み合い、作者が作品に込めた思いの共通点や相違点について話し合う。

単元計画

次	学習活動	指導内容☆評価	並行読書活動
一次（1時）	○「わらぐつの中の神様」という題名について考える。 ○「わらぐつの中の神様」をを読み、おおよその内容ををおさえる。	・作者が作品に込めた思いに関心をもたせる。 ・人物相互の関係性や場面展開を読み取らせる。	・わらぐつの中の神様 ・自分が選んだ杉みき子作品

杉さんから「心が温まるメッセージ」を受け取ろう

次	学習活動	指導内容☆評価	並行読書活動
二次（2〜5時）	○「わらぐつの中の神様」を読み人物相関図にまとめる。 ・おみつさんのわらぐつに対する思いや、大工さんのおみつさんに対する思いが読み取れる叙述を書き抜く。 ・読み取った叙述から、作品にこめた作者の思いを考え、まとめる。 ・自分が感じ取った作品にこめられた作者の思いを友達と交流する。	・マサエがわらぐつに対して最初に抱いていた「みったぐない」というイメージが変化したことと関連させて、筆者の思いを押さえさせる。 ・作者の思いを多面的に考えさせる。	・わらぐつの中の神様 ・自分が選んだ杉みき子作品
三次（6〜7時）	○自分が並行読書をしてきた杉みき子作品を人物相関図にまとめる。 ・登場人物の相互関係 ・登場人物のものの考え方がわかる叙述 ・自分が感じ取った作品に込められた作者の思い ○自分のまとめた人物相関図を、友達と交流する。 ・自分が学習した内容を紹介する。 ・共通する作者のものの考え方を話し合う。	・前時までに自分がまとめた内容と読み比べ、共通点や類似点に気付かせる。 ☆複数の作品を比べ、人を思いやる温かい気持ちが共通して込められていることに気づいている。	・自分が選んだ杉みき子作品 ・友達が選んだ杉みき子作品

5年 文学教材 93

並行読書を生かした第7時の展開例

1 本時の目標　　杉作品から自分が読み取った内容を友達と交流し、作品に込められた作者の思いを考えることができる。

2 本時の評価規準　複数の杉作品から読み取った内容をもとに、作者の思いを考えている。

3 本時の展開

	○学習内容・予想される子どもの反応	◎指導内容 ※留意点 ☆評価
導入	○前時の振り返りをし、本時のめあてを確かめる。	・自分が選んだ杉みき子作品から読み取った作者の思いを読み返させる。
展開	○グループ（4人程度）になり、自分が作品から読み取った内容を紹介しまとめる。 ・『おばあちゃんの雪段』では、家の前を通る人のために丁寧に心をこめて道踏みするおばあさんの気持ちが描かれていた。 ・『きたかぜどおりのおじいさん』では、鍵を落としたおじいさんを心配して、拾った鍵をおじいさんに渡すためにずっと寒い中待ち続ける少女の気持ちが描かれていた。など ○グループで話し合った内容をクラス全体で交流し、作者が作品に込めた共通する思いについて話し合う。 ・相手の人を心から心配する思い ・自分のことよりも相手の人を大切にする思い ・見返りを求めない思いやり	◎前時にまとめた内容を発表させる。 ※同じ作品を選んだ子ども同士でグルーピングし、作者が作品に込めた思いを話し合いやすいようにする。 ◎グループで交流する際に、読み取った内容が異なる場合には、その場で作品に戻り確かめるよう助言する。 ※グループで話し合った内容を黒板に提示し、話し合いを充実させる。 ◎それぞれの作品で描かれていた人物の思いを手がかりとして、作者の思いを考えさせる。
終末	○話し合いをもとに、「わらぐつの中の神様」やその他の杉みき子作品に込めた作者の思いを考え、まとめる。 ・自分のことよりも、相手の人の役に立つことに自分が喜びを感じることの大切さを伝えたかったのではないか。	◎板書を手がかりとして、相手を思いやることの大切さ・尊さが、作品に込められていることに気づかせる。 ☆交流を通して、作者が作品に込めた思いを考えている。

4 板書例

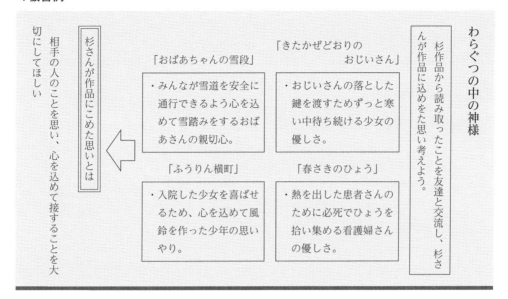

5 児童作品

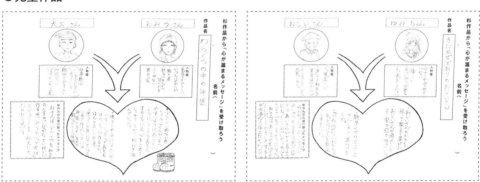

その他のねらいに応じた並行読書図書リスト

●同じ作品テーマで読む場合

書名 「賢者の贈り物」(オー・ヘンリー作)、「雪の女王」(アンデルセン作)
「最後の一葉」(オー・ヘンリー作)、

指導のヒント

　登場人物が、「相手を思いやり自分にできることを考え、懸命に行動に移す」という内容の作品と「わらぐつの中の神様」と読み比べ、作者による印象の違いやそれぞれの作品に共通する点を見つける。多様な視点で作品を読む力の定着をねらった単元構成。

:5年: 説明文教材:

単元名 自分の考えを明確にしながら読もう

中心学習材（教科書教材） 「ゆるやかにつながるインターネット」　【全9時間】

並行読書のねらい

○情報を取捨選択しながら読む読書活動

> 教科書教材で筆者の論の進め方を学びながら並行読書を行うことで、筆者の挙げた事例が具体的になり理解が深まる。筆者の意見に対して自分の考えを明確にしながら読み、関連図書で知り得た知識や情報を身近な例や経験としてとらえながら考えをまとめる。

　教科書教材では、筆者が自分の意見を伝えるためにどのように論を組み立てているのかを学ぶ。そのために、筆者が述べている理由や根拠となる内容を押さえる。しかし、子どもにとってインターネットを通した人とのつながりは想像するのが難しい。そこで関連図書を読むことで、筆者が挙げた事例が具体的になり筆者の意見に対しての考えが深まったり、目的や意図に応じて書く事柄を収集したりすることができる。
　授業の最後に、読書で知り得た知識や情報を自分の身近な例として置き換えて「ぼく・わたしが考えるインターネット考」をまとめる。

並行読書を生かした活動

「ぼく・わたしのインターネット考」の取り組み
①関連図書を読む。
②自分の考えの根拠となる事実を抜き出す。
③②で抜き出した内容を自分の経験や体験に置き換えて考える。論を組み立てる時に身近な例や経験を考えの根拠として書くことを意識させる。
④筆者の論の組み立てをもとにして、自分の論を組み立てる。構成メモを作成する。
　※筆者の論の進め方を確認する。
本論部分の構成を考える。
　※本論部分では「よさ」と「あやうさ」どちらの説明を先に行うのかを構成を考える。
　※自分の考えの根拠となる例や経験を入れる。
　※並行読書で得た知識や情報も自分の身近な例としてとらえてよいことを確認する。
⑤自分の意見や考えの根拠となる例や経験を一文にまとめる。
⑥構成メモをもとに、「ぼく・わたしのインターネット考」を書く。※個人作業

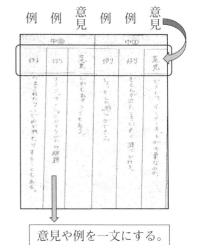

＜構成メモ＞
児童が考えた論の進め方
意見や例を一文にする。

並行読書図書リスト

- 書名 気をつけよう！SNS ①SNSってなんだろう
- 著者 小寺信良
- 出版社 汐文社
- 出版年 2013年
- 本単元での扱い SNSを使って人と人とがつながるとはどのようなことかが書いてある。SNSを使ったコミュニケーションの取り方を具体的に示してあるため、知識や情報として理解を深めることができる。

- 書名 わたしの人権みんなの人権⑥ 情報を得ること 伝えること
- 監修 荒牧重人
- 出版社 ポプラ社
- 出版年 2004年
- 本単元での扱い 携帯電話・メール・インターネットがどのような体験につながっていくのか、情報がもたらす豊かさと危険さを子どもの権利の立場から考えている。

- 書名 まんがと図解でわかる裁判の本⑤ 危険がいっぱい！インターネット
- 監修 山田勝彦
- 出版社 岩崎書店
- 出版年 2014年
- 本単元での扱い 普段の生活の中で起こりそうな事例を挙げ、「問題点」「問題を起こさないためにどうすればよいのか」「解決するまで」の流れを明記してある。

- 書名 気をつけよう！情報モラル全3巻 ②メール・SNS
- 監修 永坂武城
- 出版社 汐文社
- 出版年 2013年
- 本単元での扱い ネットトラブルにならないための対策を考えさせていく構成である。トラブル対策の流れが絵や図解で示されている。トラブルにあった時、どう判断していったらよいのかをイメージしやすい。

- 書名 小中学生のためのインターネット安全ガイド
- 著者 野間俊彦
- 出版社 日経BP社
- 出版年 2009年
- 本単元での扱い 児童が安全に正しくインターネットを使用するために、危険から身を守る方法だけでなく、便利に利用する方法も書いてある。身近な例としてとらえながら読むことができる。

その他、書名やテーマ

- 『池上彰のなるほど！現代のメディア④ネットとじょうずにつきあおう』（巻末に池上彰氏の解説付き）
- 『池上彰と学ぶメディアのめ』

- 『親子で学ぶインターネットの安全ルール 子どもの好奇心と親が心配』
  インターネットや携帯電話の基本的なルールを学べる。振り仮名がふってあるので中学年でも読むことができる。

単元について

単元のねらいと概要

　　筆者の考えに対して自分の考えを明確にしながら読むことを学習の目的に設定し、筆者の論の進め方をもとに自分の考えをまとめる。インターネットによる人とのつながり(「よさ」と「あやうさ」)を身近な例や経験に置き換えながら読み、関連図書から情報を収集し、筆者の挙げる説明や事例に対しての理解を深めていく。本論部分では、自分の考えが伝わるように具体と意見の構成や表現の仕方を工夫する。

単元の目標

○筆者の考えや事例などを理解し、身近な例に置き換えながら読んでいる。(関心・意欲・態度)
○筆者の意見を読み取り、筆者の意見に対して、自分の知識や経験、関連図書から情報収集した根拠をもとに、自分の考えを広げたり深めることができる。(読む能力)
○文や文章にはいろいろな構成があることについて理解することができる。(言語についての知識・理解・技能)

言語活動

1. 学習計画を立てる。
   ・本文を読み、初めて知ったことや疑問を出し合う。
   　(インターネットについて・自分の体験や経験など)

2. 筆者の考えを知る。
   ・筆者の考えに対して自分が考える「強いつながり」と「ゆるやかなつながり」を考える。
   ・「よさ」と「あやうさ」について読む。
   　※事実と意見の関係を押さえる。
   ・筆者が論を進める上で、「あやうさ」を書いた意図を考える。

3. 「ぼく・わたしのインターネット考」を書く
   ・自分の考えの根拠となる事実を関連図書から抜き出す。
   ・筆者の論の進め方をもとに、自分の論の進め方を考える。
   　※自分の考えの根拠となる例や経験を入れて書く。
   ・自分の意見や考えの根拠となる例や経験を一文でまとめる。
   ・自分の考えに沿って「ぼく・わたしのインターネット考」を書く。

4. 「ぼく・わたしのインターネット考」を読み合う。
   ・各自で書いたものを読み合い、よさや疑問点を付箋紙に書き、互いに交流する。

単元計画

次	学習活動	指導内容☆評価	並行読書活動	補充と発展
一次（1時）	①学習計画を立てる。 ・本文を読み、初めて知ったことや疑問を出し合う。 ・文章構成をとらえ、内容の大体を読み取る。	・筆者の考えと自分の考えを比べさせる。	・インターネット関連の文章	
二次（2〜5時）	②筆者の考えを知る。 ・筆者の考えに対して自分が考える「強いつながり」と「ゆるやかなつながり」を考える。 ・「よさ」と「あやうさ」について読む。 ※筆者が挙げている事例と意見との関係を押さえる。 ・「よさ」だけでなく「あやうさ」も書いた筆者の意図を考える。	・自分にとっての人とのつながりを考えさせる。 ☆筆者が自分の考えをどのように伝えているのか、論の進め方に目を向けている。	・自分が選んだ資料	
三次（6〜8時）	③「ぼく・わたしのインターネット考」を書く。 ・自分の考えの根拠となる事実を関連図書から抜き出す。 ・筆者の論の進め方をもとに自分の論の進め方を考える。 ・自分の意見や考えの根拠となる例や経験を一文にまとめる。 ・自分の考えに沿って「ぼく・わたしのインターネット考」を書く。	・関連図書から根拠となる事実をメモ程度抜き出させる。 ・抜き出した情報の整理をさせる。 ・自分の考えの根拠となる例や経験を入れて書かせる。	・自分が選んだ資料	
四次（9時）	④「ぼく・わたしのインターネット考」を読み合う。 ・各自で書いたものを読み合い、よさや疑問点を付箋紙に書いて話し合う。	☆互いに読み合い、良かった点や自分とは違う考えに対して、意見を出し合わせている。	・自分が選んだ資料 ・他の子が選んだ資料	

5年 説明文教材 99

並行読書を生かした第7・8時の展開例

1 本時の目標　インターネットの使い方や人とのつながり（「よさ」と「あやうさ」）について自分の考えをまとめることができる。

2 本時の評価規準　筆者の論の進め方をもとに、インターネットの使い方や人とのつながり（「よさ」と「あやうさ」）について身近な例や経験を自分の考えの根拠にして書いている。

3 本時の展開

	○学習内容・予想される子どもの反応	◎指導内容 ※留意点 ☆評価
導入	○前時までの学習を振り返る。	
展開	○本時の学習課題を確認する。 　集めた情報をもとに、自分の考えを伝えるためにどのように論を進めていくのかを考えよう。 ○筆者の論の進め方を参考に、文章構成を組み立てる。（本論部分） ・インターネットを使うことでこわいこともあるけれど、私たちの生活には欠かせない物だ。 　「あやうさ」→「よさ」 ・インターネットを通じて通信することは便利だが、害が及ぶこともある。 　「よさ」→「あやうさ」 ○自分の意見や考えの根拠となる例や経験を一文にまとめる。 　（「中①」と「中②」の具体例より） ・インターネットでは、近い人とも遠い人ともやりとりができる。 よさ ・好き勝手に言ってしまい、悪口に発展することもある。 あやうさ ○構成メモに沿って自分の考えを書く。	◎筆者の論の進め方を確認すること。 ※「よさ」「あやうさ」どちらを先に構成したら、自分の目的や意図に合う論の進め方になるのかを考えさせる。 ◎並行読書で知り得た知識や情報も自分の身近な例や経験として置き換えてよいことを説明する。 ※自分の考えと伝えるのに適した情報を選択し、整理させる。 ◎「よさ」「あやうさ」の例・経験の説明では、自分の意見を伝えるために、根拠となる事実を簡潔にまとめさせること。
終末	○自分の考えを友達と交流し、考えを加えたり修正したりする。 ○「ぼく・わたしのインターネット考」を清書する。	☆身近な例や経験、関連図書で知り得た知識や情報などを根拠に自分の考えをまとめ、構成に沿って書いている。 【読：学習シート・原稿用紙】

4 板書例

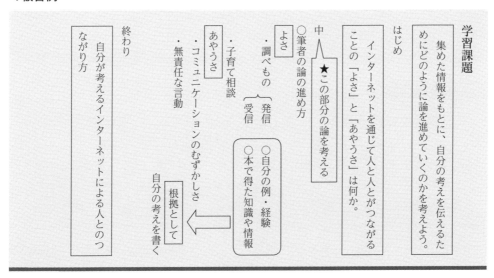

5 児童作品

<よさの事例>
・情報のやり取り　・調べもの
・コミュニケーション
・離れている家族や友達の様子が分かる。

<あやうさの事例>
・無責任な発言
・悪口　・いじめ
・情報の不確かさ　・著作権
・肖像権　・個人情報のもれ

出来上がった文章

中①（よさ）
インターネットはふだん、調べる時やいろいろな人々と交流するために使われます。インターネットを使うと、素早く情報が届いたり、ここにいながらにしてあっという間に世界中の人と情報のやりとりができたりととても便利な道具です。

中②（あやうさ）
しかし、インターネットには悪いこともあります。インターネットを使って見ず知らずの人たちが連絡を取れるようになったことで、顔を合わせないでメールのやり取りができ、自分のことについてうそを知らせる人もいます。インターネットを使って調べる時は、それが本当なのか確かめる必要があります。

その他のねらいに応じた並行読書図書リスト

●インターネットのよさ・あやうさについて話し合おう

書名　『まんがと図解でわかる裁判の本⑤　危険がいっぱい！インターネット』
　　　　　『気をつけよう！情報モラル全3巻　②メール・SNS』

指導のヒント

○根拠となる事例（「よさ」と「あやうさ」）を抜き出す。
○収集した知識や情報などを自分の考えの根拠として用いながら討論する。

●インターネットのよさ・あやうさが分かる本を紹介しよう

書名　『小・中学生のためのインターネット安全ガイド』
　　　　　『わたしの人権みんなの人権⑥情報を得ること　伝えること』

指導のヒント

○本を薦める根拠を抜き出す。（「よさ」と「あやうさ」が分かる部分）
○事例を自分の身近な例や経験に置き換えながら推薦する。

5年 ： 伝統的な言語文化や詩歌

単元名 声に出して楽しもう

中心学習材
（教科書教材） 「古典の世界（一）（二）」（光村図書） 【全5時間】

並行読書のねらい

○学習事項を発展させながら読む読書活動

> 雪ダルマ型※の並行読書：古典作品についてもっとよく知りたい、または、もっと他の作品はないのか調べてみたいなどの意欲に応じて、適切な図書資料を自ら選択して読む。　　　　　　　　　　　　　　　　　　　　　　　　　　※P13参照

　教科書に出てくる古典作品をきっかけにして、この先をもっと読んでみたい、枕草子や伊勢物語も読んでみたいなど、既習事項をもとに自らの興味・関心・意欲を発展させるための並行読書である。

　5年生の教材、（一）（二）の教材を合わせて活用してもよい。声に出して読み、古典の文章、言葉のリズムに気づき、さらに、作者の考え方やものの見方を今の人のものの見方と比べてみたりしながら、昔の人のものの見方や感じ方を知るなど発展学習につなげることもできよう。

並行読書を生かした活動

1．教科書教材を繰り返し音読し、語感、言葉の使い方などに気づく取り組み
　①教科書教材を繰り返し音読する。
　②古典作品のもつ言葉のリズムに気づく。
　③内容の大体を知る。
　④言葉のリズムを意識しながら音読し、気づいたことなどについて発表する。
　　好きな作品についてさらに詳しく知るために適切な図書資料を選んで読んだり、その作品の有名な他の章を読んだりする。
　　自分で選んで読んだ作品の中から特に気に入ったところを理由を添えて発表し合う。作品に親しむことは、その時代に生きた人に触れることである。現代口語に訳された図書資料を併せ読むことで、昔の人の豊かな感性に気づかせていく。

2．古典作品のおもしろさを知って、自分の好きを広げる取り組み
　①昔の人が何をどのように見ているか、また、感じているか大体を読み取る。
　　「方丈記・徒然草」や「平家物語」「枕草子」は参考になる。
　②読み取った古典作品のおもしろさを紹介し合う。
　　どんな様子、ものの見方・感じ方がわかるかを話し合うようにする。また、学級全体でお気に入りの作品紹介をすることも考えられる。（図書資料を提示しながら）
　　気に入った作品をグループで読み合う。

並行読書図書リスト

書名 漢詩のえほん
監修 坪内稔典
出版社 くもん出版
出版年 2013年
本単元での扱い 15の有名な漢詩が集められている。それぞれに絵や簡単な解釈が入っている。気に入った詩から声に出して読むことができる。気に入った詩が見つかるだけでも、ページを開く価値がある。

書名 方丈記・徒然草
著者 浜野卓也
出版社 ポプラ社
出版年 2001年
本単元での扱い 方丈記と徒然草の序段と73の段が現代語に訳されている。原典を生かしながらわかりやすくまとめなおしてある。内容の大体を読み取るのには適している。

書名 古典のえほん
監修 坪内稔典
出版社 くもん出版
出版年 2014年
本単元での扱い 「竹取物語」から「おくのほそ道」までの作品が集められている。情景を想像した絵と簡単な解釈が添えられている。作品の冒頭の一部分から自分のお気に入りを見つけ、発展読書につなげられる。

書名 平家物語　上・下
著者 小前亮
出版社 小峰書店
出版年 2014年
本単元での扱い 現代の読者向けにわかりやすく書き直したものである。原典の音読と併せて活用することにより、この物語の魅力に気づかされ、さらなる興味関心を引き起こす読書資料となる。

書名 論語のえほん
監修 坪内稔典
出版社 くもん出版
出版年 2014年
本単元での扱い 普段の生活の中で気づかされることが絵と漢文（漢字かな交じり文）で表現されている。参考に解釈も添えられている。繰り返し音読するうちに、心に残る言葉が定着してくる。

書名 枕草子
著者 大庭みな子
出版社 講談社
出版年 2009年
本単元での扱い 枕草子がおもしろくやさしく鑑賞できるように書かれている。筆者の自由な解釈や短い解説を加えた現代文と原文の一部とで構成されている。
　現代人のものの考え方やものの見方と比べながら読む資料として最適である。

単元について

単元のねらいと概要

　古典作品に親しむことは、その時代に生きた人の思いやくらしに触れることになる。音読したり暗唱したりし、文章・言葉の調子を楽しむ。書かれている内容の大体を読み取り、昔の人の豊かなものの見方や感じ方を感じ取ったりする。

　遠い昔に書かれた作品であるが、今の世に生きる自分たちとあまり変わらない人たちがそこにいるということに気づかされる。現代語に訳された図書資料を併せ読むことにより、その時代に生きた人に近づくことができよう。

　また、他の作品にも興味関心をもち、自ら作品を選んで読む、雪ダルマ型の読書活動につなげることもできよう。このことは、普段の生活をより詳しく見つめ直すことにもなる。
　また、適切に言葉の吟味をすることで、言葉への関心を高めることにもなる。

単元の目標

○親しみやすい古文や漢文、文語調の文章に興味をもち、言葉の響きやリズムをつかんで音読したり、暗唱することができる。（関心・意欲・態度）
○自分が好きな作品を選んで読んだり、作品を解説した文章を読んだりして、昔の人のものの見方や感じ方を知ることができる。（読むこと）
○作品に込められた気分や作品の情緒を想像しながら音読することができる。（読むこと）
○時代による言葉の違いに気づくことができる。（言語についての知識・理解・技能）

言語活動

①「声に出して読もう」（一）・（二）を音読する
　・古典作品のもつ調子や響き、内容の大体などに気づく。
　・作者について興味をもち、調べる。（解釈などに深入りしないようにする。）

②**古典作品や漢文に関する図書資料を読む**
　・昔の人たちの心に気づき、今の自分たちの心と比べてみようという意欲をもつ。
　・解説書などを参考に、今と昔とを比べて考えたことを発表し合う。

③「**昔の人の心見つけた**」発表会を開く。
　・今の生活にも影響のある昔の人の心の中をのぞいて思いや考えを見つけ、出典や考え方などを発表し合う。

単 元 計 画

次	学習活動	指導内容☆評価	並行読書活動	補充と発展
一次（1時）	①昔の人が書いたものについて知っていることを発表し合う。 ・よく耳にする古典や漢文を発表する。 ②教科書教材を繰り返し音読する。 ・読んで感じたことや気づいたことを発表し合う。 ③もっと知りたいことや調べてみたいことをノートに書く。 ④自分たちの生活と比べて、発表するめあてをもつ。	・古典や漢文に興味をもたせる。 ・5年生の教科書教材も紹介する。 ・作品のもつリズムに気づかせる。 ・内容の大体を想像させるが、深入りしない。 ☆自分の課題がもてている。	・古典のえほん ・論語のえほん	
二次（2〜4時）	①課題に合った図書資料を選んで読む。 ・作者について ・昔の生活について ・心や考え方についてなど ②身近な体験と比べる。 ・学校生活から ・家庭での出来事からなど	・心に残る言葉のワークシートを準備しておく。 ・解釈には深入りしない。 ・同じところ違うところで考える。 ☆昔の人の考えが伝わっている	・竹取物語・伊勢物語 ・枕草子 ・徒然草・方丈記 ・平家物語	・伊勢物語 ・方丈記
三次（5時）	①見つけたことを発表し合う。 ・今の生活と違うところ ・今の生活と同じところ ②心に残った表現を視写する。 ・簡単な学習シートを用意する。 ③原文を音読する。	・小グループで発表し合う。 ・原文を音読してから自分の見つけたことを伝える。 ☆昔の人の生活と今とを比べて、シートに書いている。		

5年 伝統的言語文化や詩歌 105

並行読書を生かした第2時の展開例

1 本時の目標　課題に合った図書資料を参考にして自分の発見を発表し、友達と交流できる。

2 本時の評価規準　昔の人の心を発見し、友達と楽しんで音読したり交流したりしている。

3 本時の展開

	○学習内容・予想される子どもの反応	◎指導内容 ※留意点 ☆評価
導入	○自分の課題に即して本から学んだことを発表し合う。 ・作者について ・作品について ○特に気に入っている古典を紹介し合い、昔の人の心を発見する意欲をもつ。	※自分の課題をノートにまとめておく。 ◎古典の特徴に気づかせるようにする。 ◎古典の言葉のリズムを意識できるように音読させる。 ※ワークシートを用意する。
展開	○自分の体験をもとにして心を比べる。 ・学校生活の中から ・家庭での出来事の中から ・旅行などの思い出からなど ○発見したことを友達同士で吟味し合う。 ・今もその思いをもっているか ・どんな気分が感じられるか ・どんな様子が見えるか ・作者のどんな気持ちがわかるかなど ○友達からの意見を参考にして、自分の発見を明確する。 ・同じ体験はないか ・その表現はどうか ・作品の心・想いは何かなど	◎思いについて例を挙げて説明し、心を知る意欲を高める。 ※「古典のえほん」などの紹介活用 ☆自分の体験をもとに、昔の人のものの見方を意識しながら古典を読んでいる。 ◎言葉の意味の変化にも気づくことを知らせる。 ◎よりよい言葉を吟味させる。声に出して読むことで、調子やリズムなどを感じ取らせる。 ※よく理解できないでいる子へは個別指導する。 ◎同じところを見つけて伝えるようにさせる。
終末	○友達の発見から新しく知ったことがあれば、書き換えておく。 ○さらに他の作品を読もうという意欲をもつ。	◎古典作品を他にも探して、続けて楽しんで読めるようにブックトークなどする。 ☆古典作品に興味をもって、読む意欲をもっている。

4 板書例

自分の発見したことを発表しよう
・文章にリズムがある
・何回も音読していると意味が分かる
・

昔の人の心を知ろう
・今も昔も不思議なことにはわくわくする
・色だとか光だとかによく気付いている
・今の時代に通用する考え方がある
例えば
○盛者必衰の理をあらわす
○おごれる人も久しからず
○子日はく、「己の欲せざる所は、人に施すこと勿れ。」と。

自分の体験と比べてみよう
○授業中眠くなったことがあった。
・春眠　暁を覚えず
○することがなくて、たいくつなことで
・つれづれなるままに、
○春は、桜がいいなあ
・春はあけぼの。

5 児童作品（気づき・発見ノートより）

「枕草子」を読みました。「春はあけぼのがいい。夏は夜がいい。」と書いてありました。秋や冬は何がいいのだろうと思いました。
そこで、「古典のえほん」と「枕草子」を図書室で見つけて読んでみました。「秋は夕暮れ。冬はつとめて。」と書いてありました。秋は分かりますが、冬のつとめて（略）

千年以上前に書かれたことが、今とあまり変わりのないことに驚きました。服装や髪形はとても違っているのに、どうしてかなと思いました。
でも、何回も声に出して読んでいるうちに気づいてきました。違っていると思っていた言葉遣いも少しづつわかって

その他のねらいに応じた並行読書図書リスト

●お気に入りの古典作品を選んで紹介し合う場合

[書名] 『古典のえほん』『論語のえほん』『漢詩のえほん』『今昔物語集』

[指導のヒント] 教科書教材の音読をきっかけに、他の古典作品を選んで読み、気に入ったところを音読する活動につなげる指導を展開する。お気に入りを友達に紹介し、古典作品の面白さを体験する学習である。有名な作品を味わいながら、お気に入り作品の音読発表活動に結び付けられる。

●現代語訳の本を読んで、原文にもどり音読する場合

[書名] 『方丈記・徒然草』『竹取物語』『平家物語』『今昔物語』

[指導のヒント] 好きな章を口語訳で読み、そのおもしろさを味わうとともに原文の音読につなげる活動である。楽しみながら言葉のおもしろさに気づき、言葉の世界を広げていくことになる。言葉の使い方から昔の人たちのものの見方や考え方の気づきへとつなげることも考えられるので、音読の質が変わることが期待される。

5年　伝統的言語文化や詩歌　107

＊6年＊文学教材＊

＊単元名＊ 宮沢賢治の作品世界を深く味わおう

中心学習材
（教科書教材） 「やまなし」 【全10時間】

＊並行読書のねらい＊

○並行読書による作者理解

やまなし（作品）とイーハトーヴの夢（伝記）を並行して行い、作品に込められ
た作者（宮沢賢治）の思いや考えをより深く読み取る。

　教科書教材である「やまなし」を読み、あらすじから作者の考えまでを理解すると同時
に、作者の生涯についても知り（「イーハトーヴの夢」）、作品と照らし合わせていく学習
を進める。作者の生涯を知ることでその思いや考えを深く考えることができ、作品だけで
はできなかった背景の読み取りができ、作者の思いや考えをより深くとらえることができ
る。作者の生涯については、他の伝記を紹介したり、他のエピソード等を示したり広くと
らえていくことも必要である。（「イーハトーヴの夢」からあまりはずれたものにならない
よう配慮する。）単元の最後に読書ボードを制作する。話における作者の考えとそれに対
する自分の考えを表現し、互いに見せ合い意見交換をすることでより考えを深める。

＊並行読書を生かした活動＊

１．読書ボードの取り組み
　①作品を読む。（家庭学習でも可。）
　②あらすじを書く。（書くときに教科書・本は見ない。）
　③②で書いたあらすじをもとにして、作者の思いや考えを書く。
　④③で書いた作者の思いや考えに対しての、自分の考え（評価・批評）を書く。
　　※③と混同しないように注意する。（「作者は〜という気持ちだったのだと思います。」
　　　という内容は×。）
　　※②〜④については、書けたら教師に一度見せる。あらすじや表記等が間違っている
　　　時のみ直し、「作者の思い・考え」や「自分の考え」については、子どもが書いた
　　　ものをできるだけそのまま使う。
　⑤読書ボードのレイアウトを考える。
　　自分がその作品から受け取ったイメージを表現する。
　　※ボードの形や色は自由。飾り付けやペン・色鉛筆・絵の具等の色の付け方も自由。
　　　「題名」「あらすじ」「作者の思いや考え」「自分の考え」を書くところが確保され
　　　ていれば、どのような形式でもよい。子ども自身のイメージを大切にさせる。
　　※心に残った台詞や場面があれば、レイアウトに入れてもよい。（本を見ても可。）
　⑥読書ボードを制作する。
　　個人作業で行う。（他の子との相談はしない。丁寧に作らせる。）

108

並行読書図書リスト

書名 風の又三郎
著者 宮沢賢治
出版社 岩波書店
出版年 1951年
本単元での扱い 小さな小学校に、ある風の強い日、不思議な少年が転校してきた。地元の子どもたちは「風の又三郎」ではないかと噂する。子どもたちの心を描いた作品である。作中の子どもたちの経験や心象の描写をしっかりと押さえたい。

書名 銀河鉄道の夜
著者 宮沢賢治
出版社 岩波書店
出版年 1951年
本単元での扱い ジョバンニは友人のカムパネルラと銀河鉄道に乗り、銀河へ旅をする。銀河鉄道の旅がどのような意味をもっていたのか、「本当の幸い」に込められた賢治の思いは何かを考えながら繰り返し読ませたい。

書名 セロ弾きのゴーシュ
著者 宮沢賢治
出版社 筑摩書房
出版年 1980年
本単元での扱い セロを弾くことが下手なゴーシュに様々な動物たちが演奏を依頼してくる。その後、音楽会でアンコール曲を演奏したゴーシュは、他の楽団員から賞賛を受けた。動物たちとの触れ合いや、ゴーシュの人柄や変化を押さえたい。

書名 グスコーブドリの伝記
著者 宮沢賢治
出版社 岩波書店
出版年 1951年
本単元での扱い グスコーブドリは、様々な苦難に遭いながらもそれらを乗り越え、農業のために力を尽くす。冷害が起きたとき、ブドリは1人火山に残り、火山を爆発させ冷害を食い止める。ブドリの生き方を通して、賢治の思いを考えさせたい。

書名 注文の多い料理店
著者 宮沢賢治
出版社 筑摩書房
出版年 1986年
本単元での扱い 2人の紳士が山奥の料理店に入ると、いくつものドアと不思議な「注文」が待っていた。何も疑わない2人だったが、最後に自分たちが食べられてしまうことに気づく。紳士たちの人柄や作品を通して作者が言いたいことを読み取らせたい。

その他の宮沢賢治の作品
『オツベルと象』
『貝の火』
『ざしき童子のはなし』
『土神と狐』
『どんぐりと山猫』
『なめとこ山の熊』
『猫の事務所』
『北守将軍と三人兄弟の医者』
『雪渡り』
『よだかの星』　　　　　　　等

6年　文学教材

単元について

単元のねらいと概要

　本単元では、宮沢賢治の作品（「やまなし」）を読み、作品に賢治自身の生き方（「イーハトーヴの夢」）を重ねることで、作品に込められた賢治の考えをより深く考えることをねらいとした。関心をもって、作品の背景や作品に込められた作者（宮沢賢治）の思いを考えながら読むことで、考えを深めていけるようにしていく。

単元の目標

○物語の情景や言葉の使い方に興味をもったり、作者の考え方や生き方に興味をもったりすることができる。（関心・意欲・態度）
○複数の本や文章を比べて読み、作者の思いや考えについて考えることができる。（読むこと）
○読みとった作者の思いや考えを書いたり、考えや作品の印象を読書ボードで表現したりすることができる。（書くこと）

言語活動

①「やまなし」を読む。

・内容を把握する。２つの場面の比較をする。
・作品に込められた賢治の思いや考えを考える。
（「やまなし」というタイトルの意味を考える。）

②「イーハトーヴの夢」を読む。

・場面ごとの賢治の（農業に対する）思いや考えを考える。
・童話作家としての賢治の思いや考えを読み取る。

※基本「イーハトーヴの夢」に書かれていることをもとにする。

③「読書ボード」を制作する。

・賢治の作品を１つ選んで読む。
・あらすじをまとめる。
・作品における賢治の思いや考えを自分なりにまとめる。
・自分がその作品から受け取ったイメージをもとにして「読書ボード」を作る。

④「読書ボード」を読み合う。

・各自でボードを見合い、それぞれのよさや疑問点について話し合う。

単 元 計 画

次	学習活動	指導内容☆評価	並行読書活動	補充と発展
一次（1〜3時）	①「やまなし」を読む。 ・内容を把握する。 ・場面の比較をする。 ・作品に込められた賢治の思いや考えを考える。（「やまなし」というタイトルの意味を考える）	・場面ごとのまとめをさせる。 ・作者の思いや考えを書かせる。 ☆2つの場面の違いを読みとっている。 ☆作品にこめられた作者の思いや考えを考えている。	・やまなし ・イーハトーヴの夢	
二次（4〜6時）	②「イーハトーヴの夢」を読む。 ・内容を把握する。 ・場面ごとの賢治の（農業に対する）思いや考えをとらえる。 ・童話作家としての賢治の思いや考えを読み取る。 ※基本「イーハトーヴの夢」に書かれている賢治の考えをもとにする。	・場面ごとの賢治の気持ちを考えさせる。 ・作品に込められた賢治の思いや考えを理解し、自分なりに解釈させる。 ☆場面ごとの賢治の気持ちを読み取っている。 ☆賢治の生き方を通してその思いや考えを読み取っている。	・やまなし ・イーハトーヴの夢 ・自分が選んだ作品	※宮沢賢治の他の伝記 ※宮沢賢治の他の作品（タイトルと簡単な内容紹介のみ）
三次（7〜9時）	③「読書ボード」を制作する。 ・作品を1つ選んで読む。 ・あらすじをまとめる。 ・作品における賢治の思いや考えを考える。 ・自分の考えを書く。 ・自分がその作品から受け取ったイメージをもとにして読書ボードを作る。	・作品選びをさせる。 ・作品のあらすじ、作者の考え、自分の考えを書かせる。 ・ボードのレイアウトを考えさせる。 ☆賢治の思いや考えを読み取っている。 ☆賢治の考えに対する自分の考えを、表現している。	・自分が選んだ作品 ・イーハトーヴの夢	
四次（10時）	④「読書ボード」を読み合う。 ・各自でボードを見合う。 ・それぞれのよさや疑問点について話し合う。	・互いに読み合わせ、意見を出し合わせる。 ☆話し合いを通して、賢治の思いや、自分の考えを深めている。	・自分が選んだ作品 ・他の子が選んだ賢治の作品	※宮沢賢治の詩集（紹介）

6年 文学教材 111

並行読書を生かした第3時の展開例

1 本時の目標　　　「やまなし」に込められた作者の思いを考えることができる。
2 本時の評価規準　「イーハトーヴの夢」と照らし合わせ、作者の思いを考えている。
3 本時の展開

	○学習内容・予想される子どもの反応	◎指導内容 ※留意点 ☆評価
導入	○前時の振り返りをする。 ・2つの場面、それぞれ印象が違った。 ・どちらの場面でも空からものが落ちてきた。 ・よいことと悪いことがあった。	※前時で「やまなし」における作者の思いや考えについて、各自で書いておかせる。 ※「イーハトーヴの夢」を既読させておき、農業に対する賢治の思いや行動をつかませておく。
展開	○「やまなし」に込められた作者の思いを考えを、発表する。 ・自然を大切にしてほしい。 ・自然は恐ろしいこともある。 ・空からは色々なものが落ちてくる。 ・よいことも悪いこともある。 ○「イーハトーヴの夢」の内容と「やまなし」の話を照らし合わせる。 ・どちらも自然が関わってくる。 ・「やまなし」は空からよいもの（やまなし）と悪いもの（かわせみ）が落ちてくる。 ・農業もよいこと（収穫・豊作）と悪いこと（不作・ききん）がある。 ・どちらもよい・悪いがある。 ・どちらも大変。	◎ノートに書いた作品に込められた賢治の思いや自分の感想を発表させる。 ※前時に一度ノートを回収し、子どもたちの回答を把握しておく。 ◎教科書で確認しながら「やまなし」と「イーハトーヴの夢」の内容を比較させる。 ※違いではなく、共通点を考えさせる。 ※教科書の言葉だけでなく、子ども自らが考え表現した言葉も重視する。
終末	○「イーハトーヴの夢」と照らし合わせ、「やまなし」における賢治の思いを考える。 ・自然は厳しい。 ・世の中にはよいことも悪いこともある。 ・農業は厳しいが、喜びもある。 ・うまくいかなくても頑張っていかなければならない。 ・希望をもって一生懸命生きていく。	◎各自で考えを書かせた後、発表させる。 ※「やまなし」と農業の出来事の共通点に注目させて考えさせる。 ※自然の厳しさや恵みについても押さえる。 ※なぜ題名が「やまなし」なのかを考えさせる。 ☆「やまなし」における賢治の思いを考え、書いている。

4 板書例

やまなし

この作品に込められた作者の思いや考え
・自然を大切にしてほしい。
・自然は恐ろしいこともある。
・空からは色々なものが落ちてくる。
・よいことも悪いこともある。

イーハトーヴの夢と共通すること
・どちらも自然が関わってくる。
・「やまなし」は空からよいもの（やまなし）と悪いもの（かわせみ）が落ちてくる。
・農業もよいこと（収穫・豊作）と悪いこと（不作・ききん）がある。
・どちらも良い・悪いがある。
・どちらも大変。

「やまなし」に込められた賢治の思い
・自然は厳しい。
・世の中にはよいことも悪いこともある。
・農業は厳しいが、喜びもある。
・うまくいかなくても頑張っていかなければならない。
・希望をもって一生懸命生きていく。

5 児童作品（賢治の考え、思い）

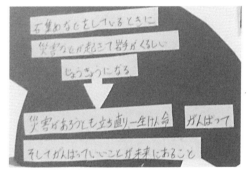

その他のねらいに応じた並行読書図書リスト

●同じ作品テーマで読む場合
書名 『双子の星』『狼森と笊森、盗森』『貝の火』『銀河鉄道の夜』等

指導のヒント

本単元の学習をもとに、賢治自身の思いや考えが明確に表現されている物語を取り上げ、登場人物の台詞や作者の世界観が表現されている場面において、そこに込められた思いをどのように表現するかを子どもたちに考えさせ、音読や朗読の発表会をする。

●宮沢賢治作品の読み比べ
書名 『雪渡り』『どんぐりと山猫』『ツェねずみ』『なめとこ山の熊』『よだかの星』等

指導のヒント

賢治の作品には賢治自身の世界観が明確に表現されているものが多い。それは農業と照らし合わせたものだけでなく、自然や宗教等いろいろある。授業以外でも賢治の作品に触れさせ、作品ごとに受ける印象の違いを子どもたちに味わわせ、作者への理解を深めさせる。

6年 ： 説明文教材

単元名 絵の解説文を書こう〜絵から読み取ったこと、感じたことを表現しよう〜

中心学習材 「鳥獣戯画」（光村図書6年） 【全7時間】
（教科書教材）

並 行 読 書 の ね ら い

○自分のものの見方を広げる読書活動

「鳥獣戯画」から筆者の絵の読み方を学ぶ。そのことをもとに他の絵を自分なり
に読み、自分のものの見方を広げる。

教科書教材の「鳥獣戯画」を読むと、絵を読み解く筆者のものの見方（解釈・評価）を
学ぶことができる。筆者のものの見方とその対象がわかりやすく書かれているので、自分
の見方と比べたり、絵と文章を照らし合わせて読んだりすることができる。他の絵を見た
とき、そのことをもとに発信者として読み手に伝わるように表現を工夫しながら書く活動
を行う。

並 行 読 書 を 生 か し た 活 動

1．「解説文」の取り組み
　①自分の気に入った絵の本を選ぶ。
　②絵と文章を照らし合わせながら読む。
　③絵から気づいたことを書き込む。
　　（絵の中の動き、表情、描かれ方、音、においなどに着目する。）
　④気づいたことの中から一番伝えたいことを決める。
　⑤一番伝えたいことを中心に気づいたことと自分の評価を入れながら解説文を書く。
　　（200字〜400字以内）
　　（筆者の表現の仕方をもとに、書き出し、文末表現の工夫をする。）

並行読書図書リスト

書名 ピカソ—立体派の巨匠—
著者 V・アントワーヌ・文
　　 長良良三・訳
出版社 岩崎書店
出版年 1993年
本単元での扱い 名画の秘密をさぐるシリーズで1～15まで出版されている。対話形式でピカソの作品を詳しく解説している。

書名 名画で遊ぶ あそびじゅつ！
著者 エリザベート・ド・ランビリー
　　 おおさわちか・訳
出版社 長崎出版
出版年 2011年
本単元での扱い 絵の解説をしながら、ディテール（細かい部分）に注目させ絵の中の物語を想像する。

書名 直感こども美術館　見てごらん！名画だよ
著者 マリー・セリエ・文
　　 結城昌子・監訳
出版社 西村書店
出版年 2007年
本単元での扱い オナルド・ダ・ヴィンチの「モナリザ」やエドワルド・ムンクの「叫び」など名画をわかりやすく紹介している。絵と文章から読み取れることを表現する。

書名 小学館あーとぶっく　ゴッホの絵本
著者 結城昌子・構成・文
出版社 小学館
出版年 1993年
本単元での扱い ゴッホの絵の描き方やゴッホの作品、ゴッホの生涯について書かれている。シリーズもので13まで出版されている。

書名 こどもと絵で話そう　ミッフィーとフェルメールさん
著者 菊地敦己・構成
　　 国井美果・文
出版社 美術出版社
出版年 2012年
本単元での扱い ミッフィーの親子がフェルメールの作品をわかりやすく紹介している。

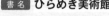

書名 ひらめき美術館
著者 結城昌子
出版社 小学館
出版年 1996年
本単元での扱い 西洋のものから東洋のものまで名画が紹介されている。筆者が読み手に伝えたいことをわかりやすく書かれており、作品についての解説も紹介されている。

単元について

単元のねらいと概要

　本単元では、絵と文章とを対照しながら効果的に読む読み方を学習する。まず、絵を見て気づいたこと、想像したことを絵に書きこむ。そこから自分たちが注目した視点をまとめる。その後「鳥獣戯画」を読み、「鳥獣戯画」に対する筆者の考えを読み取る。筆者が「鳥獣戯画」を読むときのさまざまな観点に気づき、絵の読み方を習得していく。また、筆者の表現の仕方にも着目することで、第三次で解説文を書くときに活用できると考えた。

単元の目標

○絵に興味をもち、自分なりに絵から読み取ったことを伝えようとすることができる。（関心・意欲・態度）
○絵と文章とを対照したり、表現の工夫に着目したりして、筆者のものの見方をとらえて読み、自分のものの見方を広げたり深めたりすることができる。（読むこと）

言語活動

1. 「鳥獣戯画」を読む。
   ・絵を見て気づくこと、想像できることを書く。
   ・筆者の「鳥獣戯画」の読み方（着目する視点、表現方法）を読み取る。

2. 自分のお気に入りの絵を選ぶ。
   ・「鳥獣戯画」で学んだ視点を活用して、絵を見て気づくこと、想像できることを書く。

3. 「解説文」を書く。
   ・自分が一番伝えたいことを中心に書く。構成、書き出し、文末表現を工夫し、読み手に自分の思いが伝わるように書く。

4. 友達の「解説文」を読み合う。
   ・友達の解説文と自分のものとを比べながら読み、共通点や相違点を見つけ自分の考えを広げる。

単元計画

次	学習活動	指導内容☆評価	並行読書活動
一次（1時）	①教科書に出ている鳥獣戯画の絵を見て気づくこと、想像できることを書く。 ・友達の気づいたことを知ることで、自分と友達との共通点、相違点に気づく。 ・「鳥獣戯画」で筆者の絵の読み方を学習したあとに、自分の気に入った絵を読むという活動の流れを知る。	・初めに絵について自分の感じ方をもたせることで、文章と主体的に向き合うことができるようにする。	・「ピカソー立体派の巨匠ー」「名画で遊ぶあそびじゅつ！」などの本を読み、自分のお気に入りの絵を選ぶ。（一次〜二次）
二次（2〜4時）	②文章の構成をつかみ、要旨をとらえる。 ・「鳥獣戯画」は人類の宝と筆者が考えていることを読み取る。 ③文章と絵を照らし合わせながら筆者が「鳥獣戯画」をどのように評価しているのか読み取る。 ・「アニメの祖」「漫画の祖」と筆者が評価していることを確認する。 ④表現や構成の工夫点を読み取る。	・筆者が、絵のどのような事実を根拠として、解釈したり評価したりしているのか、線を引かせる。 ・筆者の書き出しや文末表現の工夫を読み取らせる。	・「ピカソー立体派の巨匠ー」「名画で遊ぶあそびじゅつ！」などの本を読み、自分のお気に入りの絵を選ぶ。（一次〜二次）
三次（5〜7時）	⑤⑥自分が選んだ絵を読み、解説文を書く。 ・絵からわかること、絵を見て考えたことを文章で表わす。 ⑦友達の作品を読み合う。 ・同じ絵を選んでいる友達同士読み合い、書き方の工夫や感じ方の共通点や相違点に気づく。	☆表現や構成を工夫しながら解説文を書いている。 ☆絵から読み取ったことを伝え合おうとしている。	・「鳥獣戯画」で学んだ絵の読み方を参考にしながら「ピカソー立体派の巨匠ー」などを読む。 ・友達の解説文を読み、自分の作品と比較しながらその本を読む。

6年 説明教材 117

並行読書を生かした第5時の展開例

1 本時の目標　筆者の視点をもとに絵から読み取ったこと、感じたことをワークシートに書き出すことができる。

2 本時の評価規準　絵に興味をもち、自分なりに視点をもって、絵から情報を読み取ろうとしている。

3 本時の展開

	○学習内容・予想される子どもの反応	◎指導内容 ※留意点 ☆評価
導入	○前時までに学習した内容を振り返る。 ・表情、動きに注目していた。 ・色使い、筆運びも。 ○今日のめあてを確認する。 絵の解説文を書くために絵から気付いたこと、感じたことを書き出そう。	◎筆者の絵の読み方を確かめる。 ※筆者が絵のなかで動き、表情、描かれ方に着目して評価していたことを確認する。
展開	○並行読書をして自分が選んだ絵から筆者の視点をもとに気づくことを書きこむ。 ○絵の細部や全体に注目しながら、気付いたことをワークシートに書く。 ・なぜ、ここに集まっているのだろう。 ○同じ絵を選んだ友達どうしで集まり、自分の着目したところを伝え合う。 ・友達と同じところに着目していた。 ・友達の感じ方に納得する。 ・自分とは違う視点があるな。 ○友達との伝え合いを通して、新しく気づいたことを書き入れる。	◎筆者の視点をもとに考えるとき「どうしてそんな表情をしているのだろう」「何が」「どのようにかかれているか」などの問いを立てると、絵から気づくことが発見できる。 ※絵から気づくことが書けない子どもは、教師と対話することで、思っていることや考えを引き出すようにする。 ☆絵に興味をもち、自分なりに視点をもって、絵から情報を読み取ろうとしている。
終末	○絵から気づいたことの中で一番伝えたいことを決める。	◎解説文を書くときに一番伝えたいことを中心に自分の考え方をまとめることを伝える。

4 板書例

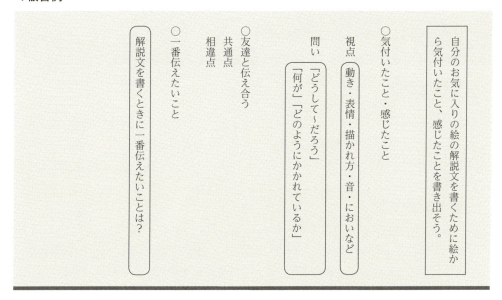

> 自分のお気に入りの絵の解説文を書くために絵から気付いたこと、感じたことを書き出そう。

○気付いたこと・感じたこと

視点 [動き・表情・描かれ方・音・においなど]

問い [「どうして〜だろう」「何が」「どのようにかかれているか」]

○友達と伝え合う
　共通点
　相違点

○一番伝えたいこと

[解説文を書くときに一番伝えたいことは？]

5 児童作品

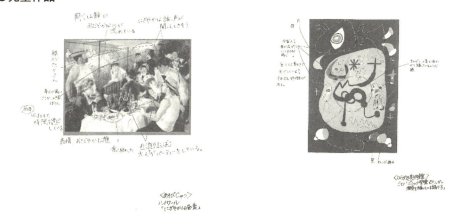

その他のねらいに応じた並行読書図書リスト

●鳥獣戯画で読む場合

書名 『新おはなし名画シリーズ23　鳥獣戯画』『かえるのごほうび』

指導のヒント
　教科書に出ている場面以外の「鳥獣戯画」の絵を読み、自分の気に入ったところを選び、「漫画の祖」「アニメの祖」と筆者が評価していることを関連づけながら自分なりに鳥獣戯画を読む。

6年　説明教材　119

::: 6年 ::: 伝統的な言語文化や詩歌 :::

単元名 伝統文化を楽しもう「伝えられてきたもの」

中心学習材
（教科書教材） 狂言「柿山伏」（光村図書6年）　　　　　　　　　【全7時間】

並行読書のねらい

○日本の歴史の中で生まれ育てられてきた伝統文化について関心をもち、狂言を読み味わい、さまざまな伝統文化から関心のある芸能について調べ、発表しあう。教科書教材は「狂言」を取り上げているが、ほかに能、歌舞伎、文楽、落語など伝統的な芸能にも目を向け、関心をもたせたい。

○学習活動の概要

> 教科書教材の「伝えられてきたもの」狂言「柿山伏」を読み、我が国の伝統文化を味わう。さらに並行読書により、ほかの伝統芸能を参考にして興味・関心をもった内容について個々に調べさせる。同じ種類の芸能について３、４人のグループをつくり、交流し合いながら発表資料を作成する。教科書教材は、伝統芸能の一部分であるので、並行読書により「伝統文化」の内容を広げて味わわせることができる。

並行読書を生かした活動

1．狂言以外の伝統芸能を知り、興味を広げる。

　　教科書教材を読み、狂言のおもしろさを理解する。さらに古典の文学や芸能が他にもあることを示す。資料を作成し提示する。（「伝統芸能」ポプラディア情報館１参照）伝統芸能の種類を目次から示し、写真やイラストを活用して、概要をわかりやすく示す。DVDや、テレビ画像などで示すことで理解を深める。

2．興味・関心のある古典芸能を選んで調べる。

　①　資料を見ながら、調べたいことを決めてグループを作る。

　　　調べてまとめ、発表するための資料の組立を考え、グループでの役割をきめる。（３、４人グループ）

　②　見出し、内容、資料の組立て、写真、イラスト、など、組立表に概要を記入する。

　③　各自、分担の記事を書く。必要に応じて写真、イラストを活用する。

　④　めいめいの原稿をコピーし、グループで資料を完成させる。

　⑤　全体でグループの発表をする。

3．参照：【そのほかの伝統芸能】について調べ交流する。

① 伝統芸能の歴史	④ 能	⑦ 落語
② 神楽	⑤ 文楽	⑧ 講談・浪曲
③ 歌舞伎	⑥ 雅楽（神楽）	⑨ 曲芸：紙切り、曲ごま
④ 狂言		⑩ 地域伝統芸能・祭り

並行読書図書リスト

- 書名 伝統芸能
- 著者 三隅治雄・監修
- 出版社 ポプラ社
- 出版年 2011年（2版）
- 本単元での扱い 古典の全体を学ぶことができる。分野別の説明資料として写真や図の活用もできる。伝統文化の歴史や郷土の祭りも詳しくわかる。

- 書名 人形芝居と文楽（日本の伝統芸能4）
- 著者 後藤静夫
- 出版社 小峰書房
- 出版年 1995年
- 本単元での扱い 外国でも人形劇はある。しかし、文楽は糸で操る人形ではなく、人が足や袖を動かしながら表情も複雑に動かして演技する。衣装も道具も使い、豊かな心情を表している。この伝統を学ばせたい。

- 書名 能と狂言
- 著者 児玉信
- 出版社 株式会社　小峰書店
- 出版年 1995年
- 本単元での扱い 能は、室町時代に生まれた歌舞劇。武士の教養として題材も武士の話や霊との出会いがある。狂言は、動物や僧侶、太郎冠者などが主人公で、庶民にも親しまれた。能、狂言の興味を広げる。

- 書名 柳家花緑の落語
- 監修 柳家花緑
- 著者 小野幸恵
- 出版社 岩崎書店
- 出版年 2002年
- 本単元での扱い 落語を身近に感じられるようにわかりやすく紹介している。仕草や表情、小道具、生い立ちも興味を引く。易しい落語噺を実演させたい。

- 書名 歌舞伎と舞踊
- 監修：文 石橋健一郎
- 出版社 小峰書店
- 出版年 1995年
- 本単元での扱い 現在も大人気の歌舞伎。日本各地でも子供歌舞伎などが続いている。江戸時代の美学を知り、派手な衣装や幕府の批判をかわしながら庶民に親しまれてきた歴史と演劇の魅力を学ばせる。

- 書名 日本の祭りと芸能〔Ⅰ〕
- 監修 高橋秀雄・芳賀日出男
- 出版社 小峰書店
- 出版年 1995年
- 本単元での扱い 各地の祭りは、神への祈りと結びついている。田畑や、海の幸を感謝する祭りで祈り、歌い、踊る「神楽」が始まりである。身近な祭りについて調べ地域交流に取り組むきっかけにする。

単元について

単元のねらいと概要

　　昔の人の芸能や文化に接し、ものの見方や感じ方を知る。現代でも親しまれている伝統文化について自分たちも触れたり、経験したりして味わってみる。教書教材を読み、狂言の独特な言い回しや、面白さを味わう。また、グループごとに課題をもち、興味のある伝統的文化について調べ、特徴やよさをまとめて発表しあう。活動を通し、日本文化のよさを味わう。

単元の目標

　　日本の歴史に伝えられてきたものを知り、自分が興味を感じたことを決め、同じ課題をもつ仲間とグループになり、特徴やよさをまとめ、発表資料を作成する。役割を決めてプレゼンテーションを行うことができる。
○自分の関心興味のある伝統文化を選ぶことができる。
○教科書教材を理解し、日本の歴史の中で育てられてきた芸能文化に興味をもつことができる。
○狂言と同じ時代に生まれた能や、歌舞伎など、多様な古典文化を理解し、その時代の文化や価値を感じ取ることができる。
○さまざまな文化や芸能を調べて、特徴をわかりやすくまとめ、学級でプレゼンテーションを行うことができる。

言語活動

① 「伝えられてきたもの」の文章を味わって読み、互いに理解を深める。
　　　それぞれの時代に特徴のある古典作品、和歌、俳句などを残してきたことを理解する。

　　文字がなかったころから、物語や歌を作り続けて、伝統的言語文化を語り続けてきた。

② 教科書の「柿山伏」を読み、内容を理解する。面白いと感じた箇所を書き出し、交流し合う。場面を決めてセリフを言い合い演技する。

　　柿山伏のおもしろい表現や興味のある場面を、役割を決めて表現する。

③ 能・狂言、歌舞伎、落語などの本や資料、教師からの説明を聞き、興味のある内容について、課題を決めて説明資料を作成する。グループで協力して作成する。写真や、カットを利用して、特徴を説明できるプレゼン資料を作成する。

　　各地の祭りや伝統的な芸能について調べてまとめる。グループごとに全体で発表する。

④ 作成した資料を役割を決めて、全体に発表（プレゼンテーション）する。

単元計画

　伝統文化について図書を使って調べ、面白さや価値について自分の考えをまとめ、演技や創作をする

次	学習活動	指導内容☆評価	並行読書活動	補充と発展
一次（1〜2時）	① 「伝えられえてきたもの」の教材を読んで筆者の伝えたい事柄を読み取る。 ② 理解したこと、わからないこと、大事なことにサイドラインを引き、話し合い、重要な事柄や感じたことを、学習ノートに書く。	・伝統文化の種類や成り立ちや日本の心の反映を読み取る。 ☆新しく知った言葉や文を探して意味をとらえノートに書いている。	伝統的な言語文化や芸能について図書を読み、教材の文章に加えた感じ方をもたせる。	日本の伝統芸能シリーズ（各巻）学校百科、日本の伝統芸能雅楽① 能と狂言② 歌舞伎と舞踊③人形芝居と文楽④ 日本の祭りと芸能⑤ ・イラストや図を工夫する。 落語の「じゅげむ」を読み、狂言との違いに気づかせる。
二次（3〜5時）	① 狂言「柿山伏」を読む。内容を理解する　わからないことは、質問して解決する。 ② 面白い表現、気に入った表現を書き出し音読し合う。 ・柿を食べるふりをする。 ・カラスのまね・さるのまね・とびのまねをセリフと二人組で役割を決めて演技する。 ・山伏と柿主のやり取りで、面白いと感じたことを書き発表し合う。 ③ 落語の「じゅげむ」を読み、狂言との違いに気づく。	・内容が理解できるように解説したり、話し合ったりする。 ・面白い表現や場面を味わって読み、役割を決めて読む。 ・狂言のおもしろさをまとめる。 ☆落語や漫才などと比べ、狂言の独特の表現や内容の可笑しさに気づいている。	・狂言のおかしさと、落語や漫才などとの違いを考える。 ・舞台での演技 ・能との違いなどに気づかせる ・「じゅげむ」（寿限無）を読み、言葉の面白さを味わう。	
三次（6〜7時）	① 他の狂言、落語、祭りなどから課題を選んで、内容や特長を調べ、ワークシートにまとめる。 ② 4人グループで分担し、発表資料を作成する。 ③ 役割を決め、場面を選んで演技したり、発表したりする。	・好きな芸能を選んで、内容や特長を調べてまとめる。グループで役割を決める。 ☆特徴を簡潔に書いている。	・「伝統芸能」の資料を活用し、選んだ課題について、グループごとに活動する。 ・資料の名前、著者、出版社名など明記する。	・写真、挿絵を適切に活用する。

6年　伝統的言語文化や詩歌　123

並行読書を生かした第3時の展開例

1本時の目標　　課題に合った図書資料を活用し、伝統文化のよさを交流し合うことができる。

2本時の評価規準　伝統芸能のいろいろに興味をもって接し、調べ、楽しんでいる。

3本時の展開

	○学習内容・予想される子どもの反応	◎指導内容　※留意点　☆評価
導入	○調べたいことを決めて、取り組む。 「狂言」「落語」「伝統的な地方の祭り」から調べたいことを決める。 ○同じ課題の人と3、4人でグループをつくる。項目を決めて役割を割り振る。	興味を持った伝統文化や芸能について、調べる。 ① 他の狂言「附子」「棒しばり」「靱猿」 ② 落語「寿限無」「饅頭怖い」「長屋の花見」他 ③ 伝統的な祭り、「京都の祇園まつり」「秩父の火祭り」・伝統的な行事「ひな祭り」「五月の節句」「正月」他
展開	【落語】の班（グループ活動） ① 題目を決める。 ② 話の内容を読み取る。 ③ 面白さについて話し合い、メモする。 ④ 演技の工夫や読み方を考える。 ⑤ 演技の練習をする。（授業外活動） 【各地の祭り調べ】の班（グループ） ① 祭りの形・季節・活動についてまとめる。 ② 目的や祈り ③ 工夫していること グループの中で割り振りを決める。	① 狂言、落語、伝統行事、の三領域から、調べる内容を選ばせる。 ② 図書、新聞、雑誌、写真などの資料を準備する。 ③ 適切な資料、図書について準備し、代表的な作品を紹介する。 ④ 難しい内容や慣習について視聴覚教材を活用し理解させる。 ⑤ 教師は、各グループを巡回し、積極的な指導に当たる。 ⑥ 演技指導として、テレビの収録、DVD映像を見せる。 ⑦ 実演の観劇も機会があれば行う。
終末	① 模造紙に、まとめた資料を効果的に貼る。 ② キャプションをつけて、発表資料を完成させる ③ プレゼンテーションの役割を決め練習をする。（特別活動の時間を使って発表する。）	① 各自が調べたことをグループでまとめ、発表に向け効果的に構成し、資料を作成する。 ② 演技や、発表（プレゼンテーション）の練習計画を立てる。 ③ グループでの役割が果たせるようにする。 （特別活動の時間を使って発表させる。）

4 板書例

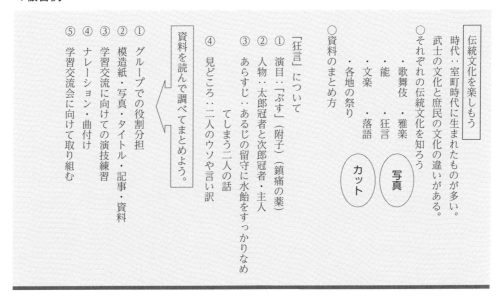

伝統文化を楽しもう
時代：室町時代に生まれたものが多い。
武士の文化と庶民の文化の違いがある。
○それぞれの伝統文化を知ろう
・歌舞伎 ・雅楽
・能 ・狂言
・文楽 ・落語
・各地の祭り
○資料のまとめ方

写真　カット

「狂言」について
① 演目：「ぶす」（附子）（鎮痛の薬）
② 人物：太郎冠者と次郎冠者・主人
③ あらすじ：あるじの留守に水飴をすっかりなめてしまう二人の話
④ 見どころ：二人のウソや言い訳

資料を読んで調べてまとめよう。

① グループでの役割分担
② 模造紙・写真・タイトル・記事・資料
③ 学習交流に向けての演技練習
④ ナレーション・曲付け
⑤ 学習交流会に向けて取り組む

5 児童作品

【歌舞伎の舞踊にうっとり】

カット「鷺娘」：日本舞踊の振袖、だらりの帯

【歌舞伎：鷺娘】
私は時々、テレビで歌舞伎を見ます。お母さんがあらすじを教えてくれます。かわいそうなお芝居や、侍が出てくる劇があります。踊りだけのときもあります。鳥の鷺（サギ）が娘になってとてもきれいに踊ります。バレエの白鳥の踊りもきれいですが、日本舞踊にもお話の筋があって、着物や舞台がきれいで、うっとりします。今度は、お母さんと一緒に本当の舞台を見たいと思います。

【おなかを抱え笑った落語】

落語の舞台　＊写真か、カット以下のことを描画する。
演者：舞台中央に高台と座布団、めくり、せんす、手ぬぐい、額

【落語：時そば】
先週の日曜日に、「時そば」という落語をテレビで見ました。江戸時代の話です。屋台のそば屋が夜、客を待っていると、一人の男がやってくる。そばを食べ終わると、小銭をそば屋の手に渡しながら、一つ二つと八つまで数え、今いくつ渡したかと、聞く。そば屋が、ヘイ九つでと答え、1文ごまかした。それを見ていた男が真似たが、逆に一文多く払わされたという話です。落語家の身振り手振りがおもしろく、感心しました。

その他のねらいに応じた並行読書図書リスト

書名 『歌舞伎と舞踊』　**監修：文** 石橋健一郎　**出版** 小峰書店

指導のヒント 課題をもって調べる場合、分野別の本を選ぶとよい。本書は児童図書で、写真を通してわかり易く解説している。●地下と舞台を行き来する、「スッポン」、「回り舞台」、舞台があがってくる「セリ」の説明等。●役柄に合わせて役者が自分で化粧をする写真も興味を引く。●歌舞伎は、「かぶき踊り」から始まった。演目に踊りがあるのは、そのためである。踊りは、きれいで楽しめ、息抜きにもなる。

書名 『柳家花緑の落語』　**監修** 柳家花緑　**出版** 岩崎書店

指導のヒント ●人間国宝柳家小さんの孫。生まれた時から落語家の道が開かれていた花緑さんは、中学校卒業して小さん師匠に入門。厳しい修行に耐えて前座、二つ目から、22歳で真打になった。本書は、経験を通してわかり易く書かれている。●扇子を使って、ゆのみ、箸、手紙、ストローなどに使われている。●手ぬぐいは、帽子や本にもなる。●わかり易い落語の話が書いてあるから、自分でも落語ができるようになる。

編著者

植松　雅美（うえまつ　まさみ）
國學院大學教職サポート室教職顧問

執筆者※執筆順、所属は平成27年10月末現在

植松　雅美（前出）……………………………… はじめに、第1章1、第2章1年説明文、6年伝統的な言語文化や詩歌

泉　　宜宏（文教大学講師、東京家政大学講師）……………… 第1章2

井上　善弘（国士舘大学准教授）……………………… 第1章3、第2章4年説明文

江森　利公（明星大学非常勤講師）…………………… 第1章4、第2章3年伝統的な言語文化や詩歌　4年伝統的な言語文化や詩歌、5年伝統的な言語文化や詩歌

小川美和子（新宿区立教育センター学校図書館アドバイザー）……… 第1章5

安達　和恵（渋谷区教育委員会）…………………… 第1章コラム

園田　和子（東京都・江東区立第七砂町小学校主任教諭）………… 第2章1年文学

堤　　敦子（東京都・渋谷区立渋谷本町学園小学校主任教諭）……… 第2章1年伝統的な言語文化や詩歌、3年説明文

名倉　　梓（東京都・中央区立佃島小学校教諭）……………… 第2章2年文学

三石　美鶴（帝京科学大学教職特命教授）………………… 第2章2年説明文

清家未寿貴（東京都・杉並区立杉並第一小学校教諭）…………… 第2章2年伝統的な言語文化や詩歌

清水　　良（東京学芸大学附属世田谷小学校教諭）…………… 第2章3年文学

井原　英昭（東京都・練馬区立小中一貫教育校大泉桜学園主任教諭）… 第2章4年文学

田中　静香（東京都・府中市立府中第七小学校主任教諭）………… 第2章5年文学

松本　尚子（東京都・杉並区立荻窪小学校主任教諭）…………… 第2章5年説明文

三井　伸也（東京都・東久留米市立第九小学校教諭）…………… 第2章6年文学

柳原千恵子（東京都・青梅市立新町小学校主任教諭）…………… 第2章6年説明文

単元を貫く言語活動を支える
並行読書の授業プラン

2015（平成27）年12月1日　初版第1刷発行

編　著　者：植松 雅美
発　行　者：錦織 圭之介
発　行　所：株式会社　東洋館出版社
　　　　　　〒113-0021　東京都文京区本駒込5丁目16番7号
　　　　　　営業部　TEL：03-3823-9206　FAX：03-3823-9208
　　　　　　編集部　TEL：03-3823-9207　FAX：03-3823-9209
　　　　　　振　替　00180-7-96823
　　　　　　URL　http://www.toyokan.co.jp
デザイン　：株式会社 明昌堂
印刷・製本：藤原印刷株式会社

ISBN978-4-491-03166-8
Printed in Japan

JCOPY <（社）出版者著作権管理機構 委託出版物>
本書の無断複写は著作憲法上での例外を除き禁じられています。複写される場合は、
そのつど事前に、㈱出版者著作権管理機構（電話 03-3513-6969, FAX 03-3513-6979,
e-mail：info@jcopy.or.jp）の許諾を得てください。